기도의 체험

School for Prayer by Anthony Bloom
Copyright © 1970, 1999, by Darton, Longman and Todd Ltd.
All rights reserved.

기도의 체험

1974년 2월 21일 교회 인가
2023년 3월 22일 개정 2판 1쇄 펴냄
2025년 11월 28일 개정 2판 4쇄 펴냄

지은이 · 안토니 블룸
옮긴이 · 김승혜
펴낸이 · 정순택
펴낸곳 · 가톨릭출판사
편집 겸 인쇄인 · 김대영
편집 · 김지영, 박다솜, 박도연, 허유정
디자인 · 강해인, 우지수, 이경숙, 정호진
마케팅 · 임찬양, 안효진, 황희진, 노가영, 이영실

본사 · 서울특별시 중구 중림로 27
등록 · 1958. 1. 16. 제2-314호
전자우편 · edit@catholicbook.kr
전화 · 1544-1886(대표 번호)
지로번호 · 3000997

ISBN 978-89-321-1852-9 03230

값 14,000원

성경 ⓒ 한국천주교중앙협의회, 2023.

이 책의 한국어 출판권은 (재)천주교서울대교구 가톨릭출판사에 있습니다.
저작권법에 의해 보호를 받는 저작물이므로 무단 전재와 무단 복제를 금합니다.

가톨릭의 모든 도서와 성물, 디지털 콘텐츠를 '**가톨릭북플러스**'에서 만날 수 있습니다.
https://www.catholicbookplus.kr | (02)6365-1888(구입 문의)

기도의 체험

안토니 블룸 지음 | 김승혜 옮김

Anthony Bloom
Experiencing Prayer

가톨릭출판사

"저에게 기도는 마음의 약동이며,

하늘을 바라보는 단순한 눈길이고,

기쁠 때와 마찬가지로 시련을 겪을 때에도

부르짖는 감사와 사랑의 외침입니다."

— 아기 예수의 데레사 성녀

* 추천사에는 김수환 추기경체를 사용하였습니다.

김수환 추기경 추천사

나는 안토니 블룸 대주교의 《기도의 체험》이 번역 출판된 것을 진심으로 환영한다.

"우리는 어떻게 기도해야 하는지 모른다. 기도는 잃어버린 예술이다. 기도를 가르쳐 주는 선생들은 거의 없고, 학교도 없다. 기도를 배우는 교회가 있다는 것을 당신은 아는가? 실제로 기도하고, 기도의 날개를 펴도록 하는 그런 교회가 있는지 당신은 아는가? 그런 교회는 극히 드물다."

루이 에블리는 저서 《어떻게 기도할 것인가》의 서두에서 이렇게 말한다. 이것은 과장된 말이라고 주장한 사람도 있을 것이다. 그러나 현실을 찌르는 적절한 표현이라고 생각하는 사람들도 적지 않을 것이다.

오늘의 교회는 과연 기도하는 교회인가? 한국 교회는 기도하는 교회인가? 교회가 가장 중요하게 여겨야 하는 문제는 기도라고 생각하는 이가 교회 안에 얼마나 될까? 교회 내 성직자, 수도자, 신자들이 한번 깊이 반성해 볼 문제인 것 같다. 우리는 양심상 그렇게 생각한다고 답하기는 대단히 힘들 것 같다.

기도하지 않는 교회, 기도할 줄 모르는 교회, 또는 그 필요성마저도 느끼지 못하는 교회는 도대체 어떤 교회인가? 내적 생명력을 잃은 교회다. 하느님과 생활한 체험을 갖지 못한 교회다. 하느님을 전할 수 없는 교회다. 그것은 형식적 종교 단체에 불과하다. 한국 교회가 생기를 잃고 침체되어 가는 것을 우리는 나날이 느끼고 있다. 그 이유는 우리 모두 어떻게 기도해야 하는지를 모를 뿐만 아니라 기도가 얼마나 필요 불가결하고 중요한지조차도 별로 느끼지 못하기 때문이 아닌가 싶다.

이 때문에 나는 안토니 블룸 대주교의 《기도의 체험》이 번역 출판된 것을 진심으로 환영한다. 이 책은 단지 기도의 방법론을 제시할 뿐 아니라, 깊고 생활한 기도를 통해 하느님과 내적으로 만나는 길을 블룸 자신의 기도의 체험으로 밝혀 주고 있다.

이 책을 많은 이들이 읽어 성직자, 수도자, 신자들이 참으로 기도의 필요성과 그 가치를 인식하고 기도할 줄 아는 사람들이 되어 교회가 하느님의 생명이 충만해지기를 기원해 마지않는다.

1974년 5월 14일
성 마티아 사도 축일에
김수환 추기경

차례

김수환 추기경 추천사　　7

안토니 블룸 대주교와 한 인터뷰　　13

제1장 • 하느님의 부재　47

제2장 • 문을 두드림　73

제3장 • 내면으로 들어가기　99

제4장 • 시간 활용하기　139

제5장 • 하느님께 말씀드리기　165

제6장 • 두 가지 묵상　179

역자 후기　　190

안토니 블룸 대주교와 한 인터뷰

티모시 윌슨 기록

윌슨 주교님은 러시아에서 태어나셨겠지요?

블룸 사실 스위스에서 태어났습니다. 아버지가 외교관이셨는데, 제가 태어날 때 그곳에서 일하셨기 때문이죠. 그러나 제1차 세계 대전이 일어나기 직전에 러시아로 돌아왔습니다.

윌슨 그다음에 어떻게 지내셨습니까?

블룸 아버지는 근동 각처와 페르시아에서 일하셨고, 저도 소년 시절을 여러 곳에서 보냈습니다.

윌슨 러시아 혁명 이후 가족들은 어떻게 되었습니까?

블룸 우리는 말이나 마차를 타고 페르시아 북부를 횡단하여 쿠르디스탄 산맥을 넘고 티그리스강과 유프라테스강을 뗏목으로 건넜지요. 그러고는 인도로 가는 작은 영국 배를 탔는데, 인도에는 도착하지 못했어요. 배가 너무 낡아서 출발할 때부터 폭풍우를 만나기만 하면 큰일이라는 말을 들었는데, 소년이었던 저는 로빈슨 크루소처럼 무인도에 살게 될지도 모른다는 희망에 부풀어서, 어머니가 날씨가 맑았으면 하고 바라시는 걸 이해할 수 없었답니다.

하느님께서는 어른 편이셔서 결국 우리는 지브롤터에 무사히 도착했습니다. 그러나 그 배로는 더 항해할 수 없어서 짐만 사우샘프턴으로 보냈는데, 14년 후에 짐을 찾으려 했을 때는 상당한 세금을 물어야 했답니다. 스페인, 프랑스, 오스트리아, 유고슬라비아를 전전하다가 1923년 프랑스에 정착했고, 그 후 27년을 거기서 살았습니다.

윌슨 참으로 놀라운 소년 시절을 보내셨군요. 그런데 아버지는 어떻게 되셨습니까? 그 후 어떤 직업을 택하셨는지요?

블룸 외교관직을 떠나셔야 했습니다. 그때 과거의 생활도 완전히 잊기로 결심하셨지요. 러시아에서 일어났던 비극적인 일을 전적으로 책임지실 마음이셨어요. 그래서 힘든 일을 택하셨습니다.

철로와 공장에서 일하셨는데 건강이 나빠질 때까지 계속 이런 노동을 하셨습니다. 그다음에 서기로서 사무 일을 하셨지만 한 번도 옛 생활로 돌아가려고 하시지는 않았습니다. 과거는 과거고, 러시아에서 일어났던 일을 책임져야 한다는 마음을 계속 가지고 계셨기 때문이지요.

윌슨 아버지께선 비상한 분이셨던 것 같군요. 아버지에 대해서 기억나시는 것을 몇 가지 들려주십시오.

블룸 아버지가 즐겨 하시던 말씀이 몇 가지 생각납니다. 그중에서도 두 가지가 제게 깊은 인상을 남겨 주어 아직도 제 생활의 지침이 되고 있습니다. 하나는 삶의 태도에 관한 것입니다.

어느 휴일에 제가 연락 없이 집을 비웠는데 다음 날 아버지는 "네 걱정을 많이 했단다." 하고 말씀하셨습니다. 그래서 "사고가 났을까 봐요?" 하고 물었지요. 아버지는 "그런 것쯤이야 괜찮다. 네가 죽었다고 해도 걱정하지 않았을 거야. 나는 그저 네가 순수한 마음을 잃을까 봐 걱정한 것이란다."라고 하시더군요.

또 한번은 "네가 살든지 죽든지 그건 그리 중대한 문제가 아니다. 참으로 중요한 건 네가 무엇을 위해 사는지, 무엇을 위해 죽을 준비가 되어 있는지다." 하고 말씀하셨습니다. 이 말씀들은 어린 시절 제 삶의 중심이 되었고, 제가 아버지에게 배운 것이 무엇인지를 말해 줍니다.

윌슨 환경의 변화가 심했는데 주교님은 어떻게 교육을 받으셨습니까?

블룸 열두 살 때부터는 학교에 다녀온 후에 저보다 어린 학생들을 가르쳐야 했습니다. 그리고 가정 교사 일을 해서 번 돈으로 학교에서 필요한 책을 살 수 있었습니다.

윌슨 무엇을 가르치셨습니까?

블룸 수학이나 다른 것들, 제가 아는 건 다 가르쳤지요. 후에는 라틴어를 가르쳤습니다. 대학을 마칠 때까지요. 그렇게 매일 저녁 서너 시간씩 물리, 화학, 라틴어 등을 가르쳤습니다.

윌슨 참 힘든 학창 시절을 보내셨군요.

블룸 네. 평일 저녁에는 공부를 전혀 할 수 없어 주말에 한꺼번에 해야 했고, 때로는 밤잠을 못 자고 공부하기도 했습니다. 보통 아침 8시에 자고, 낮 12시에 일어나 일을 시작하곤 했는데, 자칫 건강을 완전히 해칠 뻔하기도 했습니다. 그래도 공부를 계속할 수는 있었습니다.

윌슨　그때 의학을 공부하고 계셨습니까?

블룸　고등학교에서 고전을 공부한 후 소르본 대학에 가서 물리학, 화학, 생물학을 전공했습니다. 졸업한 후에 의과에 들어가서 전쟁 발발 직전인 1939년에 의학 공부를 끝냈습니다.

윌슨　그러니까 1939년에 의사 자격증을 받으셨군요?

블룸　네. 그러고는 1939년 9월에 소집을 받고 프랑스군 군의로 복무하다가 전쟁 중에는 프랑스 저항 운동에도 가담했었습니다.

윌슨　독일군이 프랑스를 점령하던 시기에 프랑스 병원에서 일하고 계셨습니까?

블룸　얼마간은 병원에서 일했습니다. 그런데 저항 운동을 계속하면서 그곳에 있는 것이 위험하다고 느껴 그 뒤 잠시 학교에서 학생들을 가르쳤습니다.

윌슨   체포되신 적은 없군요?

블룸   네, 다행스러운 일이죠. 그런 면으로 영웅이 되지는 못했을 것 같으니까요.

윌슨   어느 나라 국적을 가지고 계십니까?

블룸   1937년까지는 국적이 없었습니다. 1937년에 프랑스 국적을 신청해서 지금까지 가지고 있어요. 그러니까 법적으로 저는 프랑스인이지요. 그렇지만 마음으로는 아직도 러시아인입니다.

문화적으로나 받은 교육을 봤을 때나 어딘가에 완전히 속한다고 느낄 수가 없네요. 러시아에 가면 내 언어를 쓰는 내 나라구나, 하고 느끼면서도 망명했으니 러시아 국민은 아닙니다. 그러나 외국에 나오면 주위의 환경과 분위기에 완전히 흡수되지 못해 나는 아직도 너무나 러시아적이구나, 하고 느끼게 됩니다.

윌슨 언제 그리스도교 신자가 되셨습니까? 어떤 특별한 계기라도 있었나요?

블룸 서서히 이루어진 일입니다. 열여섯 살 때까지 저는 신자가 아니었고 교회에 좋은 감정을 가지고 있지 않았습니다. 하느님을 알지 못했고 관심도 없었으며 신과 연관된 모든 것을 미워했습니다.

윌슨 아버지의 영향에도 불구하고 말입니까?

블룸 제가 열네 살이 되었을 때 러시아를 떠난 후 처음으로 가족이 다시 모여 잠시 행복을 누리기도 했는데요. 열다섯 살 때까지는 집안 형편이 아주 어려워서 분위기가 별로 좋지 않은 기숙사에 있어야 했습니다.

아, 그 전에 저에게 깊은 인상을 남긴 일을 말씀드려야겠군요. 열한 살쯤 되었을 때 청소년 캠프에 갔었습니다. 거기서 서른 살쯤 된 신부님을 만났어요. 저는 왜인지 모르게 그 신부님에게 이끌렸습니다. 그 신부님은 모든 아이들을 사랑해 주셨고 착한 아이든 나쁜 아이든 모두에게 조건 없이 사랑을 베푸시는 듯했어요. 뭐라고 해야 하나……. 조건 없이 사랑할 수 있는 능력을 가진 분이었다고 해야 할까요?

저는 이런 사람을 본 적이 없었어요. 집에서 사랑을 받았으나 그건 당연한 일이었고, 친구들과 나누는 우정이나 사랑도 자연스러운 일이라고 여겼습니다. 그러나 그 신부님에게서 받은 것 같은 종류의 사랑을 경험한 적은 없었습니다. 그때는 왜 그런지 이유를 생각해 보지 않았어요. 그냥 그 신부님이 굉장히 의아했고, 지극히 사랑스러운 분이라고만 생각했습니다.

몇 년 후 복음을 읽어 본 다음에야 비로소 그때 그 신부님이 자신을 초월하는 사랑으로 남을 사랑하셨음을 알게 되었지요. 그 신부님은 우리에게 신적 사랑을 보여 주셨던 것입니다. 좀 더 쉽게 말한다면 그 신부님의 인간적 사랑은 모두를 포용할 수 있는 깊이와 넓이를 지니고 있었고, 기쁠 때나 괴로울 때나 한결같이 베풀어 줄 사랑을 지니고 계셨던 것이겠지요. 이것이 아마도 제가 처음으로 한 영적 경험인 것 같습니다.

윌슨 그다음에 어떤 일이 있었습니까?

블룸 특별한 일은 없었습니다. 저는 기숙사로 돌아와서 가족이 다시 모일 때까지 예전처럼 살았지요. 그런데 집에서 가족이 모여 행복한 삶을 살게 되었을 때 예기치 않은 일이 일어났습니다. 뚜렷한 목표 없이 지속되는 행복이 갑자기 무의미하게 느껴지기 시작한 것입니다. 그리고 점점 더 참을 수 없다고 느꼈습니다. 목표 없는 행복을 받아들일 수 없었습니다.

어려움과 고통은 극복하고 나면 항상 그 너머에 무엇인가가 있습니다. 그러나 행복에는 그 이상의 의미가 없었고, 저는 아무것도 믿지 않았기에 행복이 무미건조하게 느껴졌습니다.

저는 1년 동안 인생의 의미를 고심해 보기로 했습니다. 그리고 만일 1년 동안 아무런 의미를 발견할 수 없으면 살지 않기로, 즉 자살하기로 결심했습니다.

윌슨   어떻게 목표 없는 행복에서 빠져나오셨습니까?

블룸   눈앞의 목적이 아닌 다른 데서 의미를 찾기 시작했습니다. 공부를 잘하거나 다른 것에서 1등을 해도 저에게는 의미가 없었어요. 지금까지 제 생활은 온통 눈앞에 있는 목적을 달성하기 위한 것이었는데, 갑자기 이런 것이 허무하게 느껴졌습니다. 저는 무언가 극적인 것이 제 앞에서 일어나고 있음을 느꼈고, 주위의 모든 것이 작고 보잘것없어 보였습니다.

몇 달이 흘렀지만 저는 어떤 뚜렷한 의미도 찾지 못하고 있었습니다. 사순 시기 어느 날이었는데, 제가 그 당시 가입했던 파리의 러시아 청년 단체의 회장이 와서 "신부님 한 분을 강의에 초청했으니 와서 들어 보게." 하더군요.
저는 싫다고 했습니다. 하느님을 믿지 않았고 교회도 필요 없었습니다. 조금도 시간 낭비를 하고 싶지 않았습니다. 그러나 회장은 영리했습니다. 모든 회원들이 저와 똑같은 대답을 하고, 아무도 강의를 들으러 가지 않으면 그 신부님이 실망할 수도 있으니 참석해 주면 좋겠다고 했습니다. "싫으면 듣지 않아도 돼. 그저 앉아 있기만 해 주게." 하더군요.
단체를 위해 그 정도는 해 줄 용의가 있었기에 자리만 채워 주기로 했습니다. 강의를 들을 마음은 전혀 없었습니다. 그러나 어느새 집중하게 되었고, 점점 마음이 복잡해졌습니다. 그리스도와 그리스도교에 강한 인상을 받았기 때문입니다.
강의가 끝나고 집에 돌아오자마자 그분이 한 말이 사실인지 확인해 보고 싶었습니다. 그래서 어머니에게 복음서를 빌려 달라고 했습니다. 강의에서 들은 굉장히 인상적인 내용들이 진짜 복음서의 내용이 맞는지 알아보려는 것이었지요. 다른 목적이 있던 것은 아니라서 4복음서 중에서 제일 짧은 것을 읽으려고 마르코 복음서를 펼쳤습니다. 그런데 마르코 복음서 3장을 다 읽기도 전에 갑자기 제 책상 너머에서 어떤 현존을 느꼈습니다. 그리스도께서 거기 계시다는 확신이 너무나 강렬해서 의심할 여지가 없었지요. 그 후로도 그 확신은 저를 떠난 적이 없습니다.

이때가 제 삶의 전환기였어요. 그리스도께서는 살아 계시고 저는 그분의 현존을 체험했기 때문에 갈릴래아 예언자의 십자가에 대한 복음의 말이 사실인 것과, 백인대장이 "참으로 이분은 하느님의 아드님이셨다."(마태 27,54)라고 한 말을 받아들일 수 있었습니다.

복음의 이야기는 부활의 빛 안에서만 확실한 것으로 받아들일 수 있습니다. 부활이라는 불가능해 보이는 사건이

제게는 어떤 역사적 사건보다도 더욱 확실해졌습니다. 역사는 제가 믿어야 하는 것이지만 부활은 사실 그 자체라는 걸 체험한 것입니다.

저는 복음을 성모 영보의 소식부터 접하지 않았습니다. 그래서 복음은 제게 믿거나 믿지 않을 이야기로 전해진 것이 아니라, 하나의 사건으로 전해져서 모든 불신앙의 문제를 직접적이고 개인적인 체험으로 풀어 주었습니다.

윌슨 그런 확신을 지금까지 계속 가지고 계신다 하셨는데, 혹시 신앙에 의혹을 품으신 적은 없으십니까?

블룸 저는 그리스도께서 살아 계시고 진리가 존재한다는 절대적인 확신을 가지고 있습니다. 물론 제가 모든 것에 답을 가지고 있지는 않습니다. 그렇지만 그리스도를 체험한 이후로 앞으로 살아갈 삶에 답이 보였고 비전과 가능성이 있음을 알게 되었습니다.

저는 신앙을 다음과 같이 정의하고 싶습니다. 어떤 혼돈이나 의혹 속에 있다는 뜻의 의심이 아니라, 생의 현실을 찾기 위해 의심해 보는 것, 즉 더욱 확실하게 알기 위해서 질문을 던져 보고 답을 발견하려는 의문을 가져 보는 것입니다.

윌슨 언제 사제품을 받으셨습니까?

블룸 1948년에 서품되었습니다. 그런데 그 전에 수도 서원을 했습니다. 수도 서원은 비밀리에 했는데, 공적인 서원과 성격이 달랐고 또 의사직과 관련해 문제가 있었기 때문이지요. 의사로 일하면서 수도 생활을 영위해 갔습니다. 청빈, 정결, 순명 서원을 충실히 따르며 살려고 애썼고, 의사로 살아가면서 이 서원을 표현하려 했습니다. 저는 서품된 후에야 이 사실을 외부에 드러냈고, 은거하는 삶을 살기보다는 사목 활동을 하며 살고 있습니다. 오늘날에는 이전 세대보다 사목 활동의 필요성이 높은 듯해요. 또 저는 사목 활동을 하라고 부르심받았고요.

윌슨 그럼 주교님은 아직도 수도자라는 말씀이시군요.

블룸 네, 그렇습니다.

윌슨 그렇지만 주교님은 어떻게 보면 세상 한가운데서 살고 계신 거나 마찬가지인데요.

블룸 세상 한가운데서 산다 해도 고립된 삶을 사는 것과 조금도 다를 게 없다고 봅니다. 물질적으로 가난한 것이 어떤 면에서는 내적으로 가난하고 아무런 애착도 없는 것보다 훨씬 쉽습니다. 내적 가난은 배우기 어렵고, 해가 지나면서 점차적으로 이루어지지요. 물건의 참된 가치를 배우고, 소유욕 없이 사람들을 쳐다보고, 그들이 가진 빛나는 아름다움을 보는 법을 배우게 됩니다. 꽃을 꺾는 일은 꽃을 소유하려는 것이고, 결국 꽃을 죽이고 맙니다.

청빈 서원은 물건을 더욱 높게 평가하도록 해 줍니다. 그러나 무엇보다도 먼저 우리는 자신 안에서 자유롭게 되는 방법을 배워야만 합니다. 그리고 어떤 때는 육체적으로도 떨어져 있는 시간이 필요합니다. 어떤 물건이나 사람을 자기 감정의 거울로만 보지 않고 그들 본래의 모습과 가치가 어떤지 배우기 위해서 육체적으로도 떠나 보는 게 아주 유익할 때가 있다는 말입니다.

주님을 볼 욕심으로 창공을 아무리 뚫어지게 쳐다보아도 소용이 없지요. 오히려 이웃을 자세히 쳐다보아야 하고, 그 이웃을 위해 하느님께서 죽으실 정도의 가치가 그들 각자에게 있음을 명심해야 합니다.

남을 받아들이는 것은 위험하고, 자신을 위협하기도 합니다. 다른 사람들의 개성을 그대로 받아들이기는 참으로 힘들지요. 그러니 사랑은 어려운 것입니다. 그리스도께서도 이런 사랑을 가르치셨기에 온전한 봉헌을 요구받았고 결국 죽으셔야 했지요.

윌슨 그게 무슨 뜻입니까?

블룸 우리가 하느님께로 얼굴을 돌리고 그분을 만나게 되면 대가를 치러야 한다는 말입니다. 만일 그 대가를 치를 준비가 되어 있지 않으면 누군가가 대신 대가를 치러 주기를 바라면서 평생을 허비하게 됩니다. 그러나 진정 하느님께로 향하면 생이 깊고 넓으며 한없는 가치가 있음을 발견하게 됩니다.

윌슨 의사로 일하시면서 개인 서원을 하신 수도자였을 때의 이야기를 좀 해 주시겠습니까? 그때 어떤 특별한 경험을 하신 적이 있으십니까?

블룸 전쟁 때 병원에서 외과 의사로 일한 적이 있습니다. 어느 날 총에 맞아 손가락을 다친 독일인이 찾아왔어요. 외과 과장이 와서 보더니 자르라고 간단히 말하더군요. 손가락을 자르는 데는 5분밖에 걸리지 않습니다. 그런데 그 독일인이 "독일어 할 수 있는 사람 있습니까?" 하고 물었습니다.

제가 그 사람과 대화를 했습니다. 그가 시계공이며 손가락을 잘린다면 다시는 일하지 못하게 되리라는 걸 알게 되었어요. 우리는 그의 손가락을 5주간 열심히 치료해 주었습니다. 결국 그 독일인은 손가락이 다 나아서 퇴원했습니다. 이때 저는 인간을 무엇보다 중요하게 여겨야 한다는 점을 배웠습니다. 그가 시계공이었기에 우리는 치료가 더 어렵고 시간이 많이 걸려도 손가락을 살리는 쪽으로 방법을 변경한 것이거든요.

인간을 중요하게 여겨야 한다는 점을 깨달아야 기도를 할 수 있게 됩니다. 그제야 하느님 앞에 서서 그분을 바라보고 그분과 함께 항구한 기도를 시작하게 되는 것입니다.

윌슨 사제품을 받으신 후 영국으로 건너오셨습니까?

블룸 1949년 1월 말에 영국 정교회 성 알바노와 성 세르지오회의 지도 신부가 되려고 영국에 왔습니다. 그때 영어를 하나도 몰랐으니 좀 무모했다고도 할 수 있지요.

윌슨 영어를 배우는 데 오래 걸리지는 않으셨지요?

블룸 기초적인 회화를 할 정도의 실력을 갖추는 데는 오래 걸리지 않았습니다. 그렇지만 주위 사람들이 웃는 일은 많이 있었어요.

윌슨 지금은 괜찮습니까? 그리스도교 신앙을 사람들에게 전하는 일이 쉽지는 않을 텐데요.

블룸 큰 문제는 없습니다. 제 목표는 주어진 환경 안에서 사는 것이고, 그 환경을 온전히 받아들이면서도 또 거기에서 자유로운 것입니다. 저는 제 활동의 결과를 재지 않습니다. 그건 하느님께 맡기지요. 제가 자신에게 하는 질문은 이것뿐입니다.

'이 순간에 내가 해야 할 일은 무엇인가?'

'난 무엇을 말해야 하는가?'

우리가 할 수 있는 일은 매 순간을 힘 닿는 데까지 충실하게 사는 것뿐이고, 그다음에는 하느님께서 우리를 쓰시도록, 때로는 우리의 결점까지도 쓰시도록 그분께 맡겨 드리는 것입니다.

남에게 말할 때 저는 제 안에 있는 모든 확신과 믿음을 가지고 말합니다. 제가 말하는 것에 생명을 걸 정도로 말입니다. 말 자체가 중요한 게 아니라 사람들이 이해하도록 그 수준에 맞게 하는 게 중요합니다. 이것이 대화의 근본이고 서로를 진심으로 만날 수 있도록 하는 것입니다.

사람들이 저를 비웃어도 괜찮습니다. 그러나 우리가 말할 때 그 말이 사람들 마음 안에 무언가 빛을 던져 주고 기쁨을 느끼게 한다면, 그때 우리는 참으로 우리 안 깊은 곳에 있는 무엇인가를 말하는 것입니다.

윌슨   오늘날 생활 방식과 피상적 표현 때문에 복음을 전달하기가 더 힘들다고 보십니까?

블룸   네. 복음은 지성으로 동의만 하는 게 아니라, 인간 전체에 영향을 미쳐야 합니다. 현대인은 보통 "그거 재미 있으니 이야기해 보자."라고 말하고는 사실은 아무것도 안 하기가 일쑤입니다. 하느님을 만나는 건 사자 굴로 들어가는 것과 같습니다. 취미가 아니라, 정말 생사를 걸고 그분을 찾아야 하지요. 하느님에 관한 지식을 많이 쌓았다 해도 그분을 안다고 할 수는 없습니다. 그분을 알려면 인생을 걸고 뛰어들어야 합니다.

윌슨 영국에 오신 이후로 특별한 일은 없으셨습니까?
블룸 놀랄 만한 일이 있었습니다. 영국인들은 죽음을 부정不淨하다 생각하고, 죽은 후에는 장의사들이 와서 시체를 염하더군요. 그리고 얼마 후에 기념 예배를 드려서 고인에 대한 좋은 기억만을 남게 합니다. 이런 태도가 놀라웠어요.
한번은 케임브리지 대학에 가서 죽음에 대해 강의를 했는데, 어느 신부님이 한 번도 시체를 본 적이 없다고 하시더군요. 왜 그렇게 죽음을 꺼리는지 모르겠습니다. 죽음이 정말 실패거나 생의 끝을 의미한다면 불유쾌한 일이고 두렵기만 한 것이겠지요.

또 언젠가는 친분 있던 노인이 돌아가셨다는 연락을 받고 찾아갔는데 그곳에는 아이들이 전혀 보이지 않았습니다. 이상해서 어디 있느냐고 물었더니 아이들 어머니가 내보냈다고 말하더군요. 아이들이 무서워할 것 같다고요.

저는 정교회에서는 아이들을 모두 죽은 이의 방으로 오게 하고 관을 열어 놓는다고 말해 주었습니다. 그처럼 죽음에 대한 무서움을 극복하도록 아이들을 들어오게 하자고 말해 보았습니다.

아이들은 방에 들어와서 잠시 서 있었습니다. 그때 한 아이가 "할머니가 아름다워 보여요!" 하고 말하더군요. 죽음은 두려워할 것이 아니라고 느꼈던 거지요.

윌슨   주교님의 어머니는 어떤 분이셨는지 말씀해 주시겠습니까?

블룸 어머니는 훌륭한 분이었습니다. 소박하면서도 직선적이었던 분이었지요. 암으로 돌아가셨는데, 죽음에 대한 제 경험도 어머니를 통해서 얻은 것입니다.

어머니가 돌아가시기 직전에 저는 인생이 말로 표현할 수 없이 가치 있음을 느꼈습니다. 제가 하는 말이나 행동이 마지막일 수도 있다고 생각하니, 사소한 말이나 행동 하나하나가 소중하게 느껴졌습니다. 그리고 모든 것들이 어머니와 제가 지내 온 40년간의 사랑의 관계를 마무리해 주는 듯했습니다.

윌슨 망명인으로서 어느 곳에도 소속되지 않았다는 느낌이 주교님의 영성 생활에 어떤 변화를 가져왔다고 생각하십니까? 이런 체험으로 무엇을 얻으셨습니까?

블룸 혁명이 일어나 우리는 거대한 성당과 찬란한 예전의 그리스도를 잃었습니다. 하지만 우리처럼 상처받는 그리스도를 얻었고, 배척당하고 친구에게도 버림받는 그리스도를 발견했습니다.

도와줄 사람 하나 없는 그때, 하느님께서 우리를 도와주셨습니다. 압력은 심해지고, 위기 상황은 계속되어 가장 견디기 어려운 시련을 겪을 때, 주님께서는 거기에 계셨습니다.

어떻게 보면 절망은 우리가 그 절망을 이겨 낼 준비만 되어 있다면 모든 사물의 핵심으로 가는 열쇠인 듯합니다. 하느님께서 우리 편에 계시지 않는 위기를 맞을 준비가 되어 있어야 하고, 그럴 때 거짓 신을 대용품으로 만들어 내지 말아야 합니다.

제가 알던 여성은 신혼여행을 가서 남편과 영화를 보다가 갑자기 눈이 멀었습니다. 나중에 알고 보니 불치병이었습니다. 그녀는 죽기 얼마 전 병이 가장 심했을 때 제게 "이제 너무나 지쳐서 하느님께로 향할 노력조차 할 수 없습니다."라고 편지를 썼습니다. 그러나 그녀는 하느님의 부재를 받아들일 용기가 있었으므로 당장 위로를 줄 거짓

신에 의지하려고 하지 않았습니다.

이 여성의 위대한 용기가 제게 깊은 인상을 남겨서 잊히지가 않습니다. 하느님께서 안 계신 듯 보일 때, 곧 그분께서 침묵하실 때가 기도를 시작할 때입니다. 기도는 우리가 할 말이 많을 때가 아니라 "저는 당신 없이 살 수 없습니다. 정말 괴롭습니다. 왜 이렇게 침묵하고 계십니까?" 하고 하느님께 호소할 때 시작되는 것이지요.

하느님을 찾아야만 되겠고, 못 찾으면 죽을 것만 같을 때 비로소 우리는 현재의 나를 넘어서 그분의 현존 안으로 들어가게 됩니다. 사랑과 그리움이 무엇인지를 알고, 절망을 두려워하지만 않는다면 반드시 승리하게 됩니다. 그리고 하느님께서 주시는 선물을 바라는 게 아니라, 하느님 자체를 그리워하는 갈망이 우리 마음 안에 있게 될 때 기도가 시작됩니다. 또 어느 때는 우리 눈 안에 슬픔이 깃들고 영원을 향한 동경이 강해져 우리를 가득 채울 때 크나큰 기쁨을 느끼게 되기도 합니다.

윌슨 언젠가 주교님께서 "저는 미쳤습니다. 근데 묘하게 미쳐서 다른 사람들도 이렇게 되고 싶어 합니다."라고 말씀하신 걸 기억하는데요. 그건 무슨 뜻입니까?

블룸 그리스도인으로서 우리는 언제나 고통과 기쁨을 동시에 누리며 살고 있습니다. 모순적인 듯하지만 사실입니다. 밝은 대낮을 받아들이듯이 어두운 밤도 받아들입니다. 우리는 주님 앞에 온전히 자신을 맡겨야 합니다.

진정으로 그리스도와 함께 살려 하면 주님께서 겟세마니에서 겪은 근심이나 고뇌, 십자가 위에서 겪은 고통을 나누어야 하는 때가 있습니다. 인생도 실패, 신앙생활도 실패, 모든 걸 실패한 듯해 괴로울 때, 이때 주님의 불안과 고통을 나누고 있는 것입니다. "왜 나한테 이런 일이 일어나는 거야!"라고 말해서는 안 됩니다. 세상과 삶을 있는 그대로 받아들이고 극복해 나가야 합니다.

또 다른 면에서 볼 때, 사람들은 2차원의 세계에서 사는데 그리스도인은 3차원의 세계에서 사는 듯합니다. 자유를 지니면서 영원의 차원에서 사는 사람들에게 세상은 미완성품이며 그들은 자신이 묘한 존재임을 항상 발견할 것입니다.

초대 교회의 그리스도인도 같은 문제를 가지고 있었습니다. 하느님만이 그들의 임금이시라고 주장했을 때 사람들은 황제에게 반역한다는 이유로 박해했던 것입니다. 그러나 2차원의 세계에 충실하는 방법은 3차원의 세계에 충실하는 것입니다. 세계는 사실 3차원이기 때문입니다. 우리가 3차원을 상상만 하거나 2차원적으로만 살고 있으면 삶은 온전치도, 의미를 가지지도 못할 것입니다. 초대 교회의 그리스도인이 용기를 가지고 3차원의 세계에 살았듯이 오늘날의 그리스도인도 그렇게 살 수 있습니다.

윌슨 마지막으로 러시아에 관해 묻고 싶습니다. 그곳을 가끔이라도 방문하시는지요?

블룸 1년에 한 번씩 러시아에 가서 총대주교님께 서부유럽 교회에 대한 보고도 하고, 대학에서 강의를 하기도 합니다. 그곳에 머무르는 동안 미사를 드리고 강론도 하며 사람들과 담화를 나누기도 합니다.

윌슨 정치적으로 관여하시지는 않는지요?

블룸 우리는 러시아 정교회에 온전히 소속되어 있으면서도 정치적으로는 망명한 사람으로 살기를 바랍니다. 교회와 국가가 이런 모순된 위치에 있기에 교회와 관련된 부분에서는 오히려 더 많은 자유를 누리고 있습니다.

윌슨 러시아 교회는 활동이 얼마나 활발합니까?

블룸 상당히 활발합니다. 통계상 러시아 국민 중 3천만 명 정도가 교회에 다니고 있는데, 스탈린 시대 이후 50년 동안 조직적 박해를 당했다고 생각하면 상당한 숫자지요. 실제로도 러시아의 젊은이들은 영성에 점점 관심을 가지고 있고, 무언가를 찾기 위해 교회에 나오는 젊은이들의 수가 증가하고 있습니다. 하느님과 영성을 중시하는 젊은 사람들의 모임이 상당히 많다고 합니다.

윌슨 주교님께서 말씀하실 때마다 사람들에게 많은 것을 요구하심을 느끼게 됩니다. 대가를 치러야 한다고 말씀하셨지요. 죽음에 대해 말씀하실 때도 그런 느낌을 받았는데요.

블룸 그럴 겁니다. 러시아 교회에서 전해지는 이야기를 하나 해 보겠습니다. 그리스도인이 된다는 게 무엇인지를 쉽게 설명하기 위해서입니다.

내란이 일어나 양쪽 군대가 아주 격렬하게 싸울 때였습니다. 3년 동안 이쪽에 점령당하고, 저쪽에 점령당하던 어느 작은 마을이 결국 황제군에서 공산군의 손으로 넘어갔습니다. 이 마을에 남편을 군대에 보내고 혼자 다섯 살, 네 살짜리 애들과 남아 있던 부인이 있었습니다. 그런데 이제 남편이 적군 소속이 되어서 점령군에게 잡히면 죽을 위험에 처했습니다. 그 부인은 아이들과 함께 도망갈 기회를 노리면서 빈집에 숨어 있었습니다.

어느 날 초저녁, 나탈리아라는 20대 젊은 여성이 빈집의 문을 두드리고 들어와서 부인의 이름을 말하며 맞느냐고 물었습니다. 부인은 그렇다고 대답했습니다.

나탈리아는 그 부인이 숨어 있는 곳을 군인들이 알아냈다며, 그날 밤에 총살하겠다고 하는 얘기를 들었다고 알려 주었습니다. 그러고 나서 "빨리 도망가세요."라고 말했습니다. 부인은 아이들을 쳐다보며 "내가 어떻게 도망가겠어요." 하고 대답했지요. 지금까지는 단순한 이웃에 불과했던 그 젊은 여성은 그때 복음서에 나오는 이웃이 되었습니다.

"도망가셔야죠. 제가 여기 남아 있다가 누가 당신을 잡으러 오면 대신 잡히겠습니다."

"그럼 당신이 총살당할 텐데요."

"그래도 저는 아이가 없잖아요."

결국 그곳에는 나탈리아가 대신 남기로 했습니다.

차갑고 어두운 이 빈집에 밤이 찾아왔습니다. 죽음을 기다리는 그 여성을 볼 때 우리는 겟세마니 동산이 떠오릅니다. 나탈리아도 이 잔을 멀리해 달라고 청했을 것이고, 그리스도처럼 하느님의 침묵을 경험했을 것입니다. 자기를 도울 사람을 찾고 싶었겠지만 아무도 없었습니다. 그리스도의 제자들도 잠자고 있었습니다.

그 여성은 배반하지 않고서는 그 누구의 도움도 청할 수 없음을 잘 알았습니다. 아마도 자신의 희생이 헛되지 않게 해 달라고 거듭거듭 기도했을지도 모릅니다. 자신이 죽은 후 그 부인과 아이들이 어떻게 될지 궁금했겠지만, "친구들을 위하여 목숨을 내놓는 것보다 더 큰 사랑은 없다."(요한 15,13) 하신 그리스도의 말씀 외에는 아무런 답도 얻지 못했을 것입니다.

말 한마디만 다르게 하면 금방 살 수 있으리라는 것도 생각했겠지요. 문을 열고 거리로 나가기만 하면 자신은 안

전할 수 있었습니다. 약속을 지키지 않을 수도 있었습니다. 그럼에도 결국 그 여성은 총살되었습니다. 그리고 도망친 그 부인과 아이들은 살았습니다.

제1장

———

하느님의 부재

Experiencing Prayer

이 책에서 말하는 것은 기도에 대한 이론적인 설명이 아니라, 기도하고 싶은 사람이 무엇을 깨달아야 하고 또 무엇을 할 수 있는지를 경험을 통해 전달할 뿐임을 미리 말해 둡니다. 저도 기도의 초보자로서 독자 역시 초보자라고 가정한 채 함께 기도를 배우기 시작한다고 여기겠습니다. 여기서는 신비적 기도나 높은 단계의 완덕에 이르는 기도는 언급하지 않겠습니다. 이런 기도는 누구의 도움 없이 스스로 도달할 수 있기 때문입니다.

어떤 예외적 환경에서 하느님이 우리에게 오시거나

우리가 그분의 현존 안에 살고 있음을 체험하여, 전에는 깨닫지 못했던 깊이를 깨닫고 기도의 가장 깊은 곳까지 끌려 들어가는 자신을 발견하면 어떻게 기도할지는 문제가 되지 않습니다. 우리가 하느님과 함께 있음을 깨닫는다면 우리는 그분 앞에 서서 그분을 경배하고 그분께 말하게 됩니다.

기도하려는 사람에게는 처음부터 매우 중요한 문제가 생깁니다. 기도하고 싶은데 하느님께서 함께 계시지 않는 듯 느껴질 때 어떻게 하느냐, 하는 것입니다. 여기서는 바로 이 점을 이야기하려고 합니다.

하느님의 부재를 느낀다고 해서 그분께서 존재하지 않으신다는 말은 아닙니다. 하느님께서는 존재 자체이시므로 근본적으로 부재하실 수 있는 분이 아니시기 때문입니다. 여기서 말하는 부재란 그분께서 우리와 함께 안 계시는 듯 느낄 때 그 부재의 느낌을 말합니다.

우리는 하느님 앞에 서서 허공을 향해 소리치지만 아무 답을 들을 수 없습니다. 사방을 쳐다보지만 그분은 아무 데서도 찾을 수 없습니다. 이때 우리는 어떻게 해야 할까요?

먼저, 기도란 만남이며 관계라는 것, 즉 깊은 관계를 형성하는 것이며 우리에게나 하느님에게나 강요할 수 없는 것임을 기억해야 합니다. 이는 매우 중요합니다.

하느님께서 당신의 현존을 느끼게 하실 수도 있고, 부재의 느낌만을 남겨 놓으실 수도 있는 이유는 이런 살아 있는 현실적 관계에서 오는 것이기도 합니다. 우리가 원하는 대로 하느님을 기계적으로 이끌어 내거나, 만나고 싶은 순간에 그분께 우리를 만나 주시도록 강요할 수 있다면, 그런 것은 진정한 관계나 만남이 아닐 것입니다. 생명이 없는 상像이나 상상, 혹은 하느님 대신 우리 앞에 갖다 놓을 수 있는 여러 가지 우상과 맺는 관계는 그렇습니다. 그러나 우리가 살아 있는 사람과 그런 관계를 맺을 수 없듯 살아 계신 하느님과도 그렇게 할 수 없습니다.

관계는 서로 자유로울 때 시작되고, 발전할 수 있습

니다. 관계가 양방향에서 이루어진다는 관점을 가지고 기도로 맺어지는 하느님과 우리를 살펴본다면, 우리가 그분께 불평할 것보다 하느님께서 우리에게 불평하실 것이 훨씬 더 많음을 알게 될 것입니다.

우리는 하루 24시간 중 겨우 몇 분 정도만 하느님을 위해 쓰면서, 이 시간에 그분께서 현존하지 않으신다고 불평합니다. 그러나 아마 하느님께서 우리의 문을 두드리실 23시간 30분 동안에는 "저는 너무 바쁩니다." 하고 대답했거나, 우리 마음과 의식이나 생활 속에서 그분께서 두드리는 소리를 전혀 듣지 못했을지도 모릅니다. 사실 우리는 하느님의 부재를 불평할 권리가 없습니다. 그분께서 안 계실 때보다도 우리가 외면할 때가 훨씬 더 많기 때문입니다.

다음으로, 하느님과 만나는 때는 언제나 우리에게 심판의 순간이라는 것이 중요합니다. 기도나 묵상이나 관상 안에서 하느님을 만날 때 우리는 반드시 구원받거나 아니면 단죄받게 됩니다. 물론 영원히 구원받거나 영원히 단죄받는 것은 아니지만, 기도하는 순간은 치명적인 순간이며 위기가 찾아오는 순간이기도 합니다.

영어의 위기Crisis라는 말은 그리스어의 심판κρίσις이라는 말에서 유래합니다. 기도 중에 하느님을 만난다는 것은 우리 생활에서 치명적인 순간입니다. 그러니 우리가 그분을 만나고 싶어 할 때마다 항상 그분께서 거기 계시지만은 않는다는 게 어쩌면 다행스러운 일인지도 모릅니다. 우리가 그러한 만남을 견뎌 낼 수 있을지 모르기 때문입니다.

성경에 나오는 많은 구절들을 생각해 보십시오. 전능하시고 진리시며 순결함 자체이신 하느님을 만나는 것은 두려운 일이라는 기록이 상당히 많습니다. 그래서 하느님의 현존을 느낄 수 없을 때 우리는 가장 먼저 감사해야 합니다. 하느님께서는 자비로우셔서 아직 때가 되지 않았기 때문에 오지 않으시는 것입니다. 우리가 자신을 이해하고, 자신을 심판할 수 있도록 기회를 주셔서 그분을 만나는 순간이 단죄의 때가 되지 않도록 해 주시려는 것입니다.

예를 한 가지 들겠습니다. 몇 년 전에 어떤 남성이 찾아와서 하느님을 보여 달라고 청했습니다. 저는 하느님을 보여 줄 수 없다고 말했습니다. 그러고 나서 비록 제가 보여 줄 수 있다 하더라도 당신은 그분을 볼 수 없을 것이라고 덧붙여 말했습니다.

하느님을 만나려면 그분과 무언가 같은 점을 가지고 있어야 합니다. 그분을 볼 수 있는 눈을, 그분을 알아챌 수 있는 예민함을 가지고 있어야 합니다. 그러자 그 사람은 왜 그렇게 생각하는지 물었습니다. 저는 그에게 몇 분 동안 생각할 여유를 주고, 시간이 지난 뒤 복음서에서 특별히 감동적인 장면이 생각나면 말해 달라고 했습니다. 그와 하느님은 어떤 관계인지 알고 싶었기 때문입니다. 그는 대답했습니다.

"요한 복음서 8장에 간음한 여자가 나오는 장면이 생각납니다."

저는 다시 물었습니다.

"좋습니다. 아름답고 감동적인 부분이지요. 그러면 이제 이 장면에서 당신은 누구와 비슷한 사람인지 스스로에게 물어보십시오. 주님과 같은 사람입니까? 아니면 적어도 그 여자가 뉘우치고 새로운 인간이 될 수 있다고 믿어 주고 자비를 베풀어 주는 편에 서 있습니까? 혹은 간음한 여자와 같습니까? 자신들의 죄를 깨닫고 즉시 물러간 나이 많은 사람들과 같습니까? 조금 더 늦게까지 남아 있는 청년과 같습니까?"

그는 조금 생각하더니 대답했습니다.

"저는 물러가지 않고 끝까지 홀로 남아서 그 여자를 돌로 쳤을 것입니다."

그래서 저는 말했습니다.

"주님께서 지금 당신을 만나 주시지 않는 것을 고맙게 생각하십시오."

이 이야기는 아마 극단적인 예일지도 모릅니다. 그러나 이와 같은 상황에서 우리도 얼마나 자주 그와 비슷하게 느끼고 행동하는지 생각해 봅시다. 직접 그리스도의 말씀이나 행위를 반대하지 않을지는 모르지만, 좀 더 미묘한 방법으로 수난 때 군사들이 한 듯 행동합니다. 우리는 그리스도의 눈을 가리고 누가 그러는지 보지 못하시도록 하고는 뺨을 때리고 싶어 하기도 합니다. 하느님의 현존을 무시하고 그분의 뜻과 어긋난다는 것을 알면서도 원하는 대로 또 기분 내키는 대로 행동할 때 바로 이런 짓을 하는 것이 아닐까요?

우리는 그분의 눈을 가리려고 하지만, 사실은 자신의 눈을 가릴 뿐입니다. 이런 마음의 자세를 가지고 어떻게 하느님의 현존 안에 있을 수 있겠습니까? 물론 뉘우치고 통회할 수는 있습니다. 그러나 그렇게 했다고 바로 사랑과 우정의 관계로 받아들여질 수는 없습니다.

복음서의 여러 구절을 생각해 보십시오. 우리보다 훨씬 위대한 사람들도 그리스도를 맞아들이길 주저하였습니다. 종을 고쳐 달라고 간청한 백인대장을 떠올려 보십시오. 그리스도께서 "내가 가서 그를 고쳐 주마."(마태 8,7) 하고 말씀하셨지만, 백인대장은 "주님, 저는 주님을 제 지붕 아래로 모실 자격이 없습니다. 그저 한 말씀만 해 주십시오. 그러면 제 종이 나을 것입니다."(마태 8,8) 하고 말씀드렸습니다.

우리도 이와 같이 그리스도를 대하고 있지는 않습니까? 하느님께 몸을 돌리고 이렇게 말하면서 말입니다.

"당신께서 직접 오시지 않아도 좋습니다. 당신의 현존을 느끼지 못해도 괜찮습니다. 그저 한 말씀만 해 주십시오. 그럼 제가 나을 것입니다. 당신께서 한 말씀만 하시면 해결될 것입니다. 지금은 그 이상 필요하지 않습니다."

베드로의 예를 보더라도 알 수 있습니다. 물고기가 엄청나게 많이 잡히는 것을 보고 베드로는 예수님 앞에서 무릎을 꿇고 이렇게 말했습니다.

"주님, 저에게서 떠나 주십시오. 저는 죄 많은 사람입니다."(루카 5,8)

그는 갑자기 주님의 위대하심을 깨달았습니다. 그러자 자신의 비천함을 알게 되었기에 배를 떠나 달라고 주님께 청했던 것입니다.

이처럼 한 적이 있습니까? 복음서를 읽으면서 그리스도의 의롭고 영광스러운 모습을 보고, 또 기도하면서 하느님의 위대하심과 거룩하심을 느끼고 "그분께서 내게 가까이 오시기에 나는 너무나 부족하구나." 하고 말한 적 말입니다. 우리가 준비되어 있지 않기 때문에 그분께서 오실 수 없는 때를 제외하더라도 우리는 참으로 연약한 존재 아닙니까?

우리는 그분께 무엇인가 받기를 원하지, 그분 자체를 원하지는 않습니다. 이것이 진정한 관계일까요? 친구 관계에서도 무엇인가 받을 생각만 하고 친구에게는 관심이 없다면 그 친구와 나누는 우정을 참된 우정이라 할 수 있겠습니까? 친구가 우리에게 어떤 이득이 될지 신경 쓰고 있습니까, 아니면 그 친구 자체를 사랑합니까? 주님과 맺는 관계에서도 마찬가지 아닐까요?

여러분과 저의 기도, 각자의 기도를 반성해 봅시다. 우리가 사랑하는 사람들을 위해서 기도하거나 생활에 관련된 어떤 것을 청할 때 그 기도는 얼마나 열정적이고 간절합니까? 그럴 때 우리의 마음은 온통 기도 안에 파묻히고 맙니다. 이때 우리가 하느님을 중요하게 생각하는 것 같습니까?

저는 아니라고 생각합니다. 하느님이 아니라 우리가 기도하는 그 문제에 몰두하는 것이지요. 그래서 걱정거리가 해소되기를 청하거나 사랑하는 사람을 위해서 기도할 때는 열심히 하다가 그것이 아닌 다른 것을 기도하려면 우리 마음은 순식간에 차가워집니다. 하느님께서 멀리 가 버리셨기 때문일까요? 아니지요. 우리가 기도할 때 쏟는 열정이 하느님의 현존과 그분께 대한 신앙과 그리움에서 나오는 것이 아니기 때문입니다. 그 열정은 우리가 기도하던 사람이나 어떤 일에 대한 애착에서 나온 것입니다. 하느님을 사랑해서 나온 것이 아니었다는 말입니다.

그런 마음가짐으로 기도하면서 하느님께서 계시지 않는다고 불평할 수 있습니까? 마음이 없는 건 우리고, 필요한 것만 채워지면 하느님께 관심이 없어지는 것도 우리입니다.

하느님께서 부재하시는 이유가 또 한 가지 있습니다. 우리가 자신의 모습을 있는 그대로 드러낼 때 하느님께서는 오셔서 무엇인가를 해 주실 수 있습니다. 그러나 우리가 자신이 아닌 무엇이 되려고 하면 아무것도 해 주실 수 없습니다. 거짓된 인간, 거짓된 자기를 내세우려 하면 하느님께서는 이런 거짓에 가까이 오실 수 없습니다.

기도하려면 하느님 나라를 향해야 합니다. 우리는 그분께서 하느님이시고 임금이심을 인식해야 하고 그분께 온전히 순종해야 합니다. 그리고 비록 완전히 채워 드리지는 못할지라도 하느님의 뜻을 찾아야 합니다. 만약 그렇게 하지 못하면 자신이 가진 재물 때문에 그리스도를 따를 수 없었던 부자처럼 그리스도를 대하는 것입니다. 그런 상태에서 어떻게 하느님을 만날 수 있겠습니까?

기도하면서, 하느님과 깊은 관계를 맺으면서 또 다른 행복을 추가로 맛보길 원할지도 모릅니다. 그러나 이는 값진 진주 하나를 사기 위해서 모든 것을 팔 준비가 되어 있지 않은 것입니다. 그럼 어떻게 가장 값진 진주를 살 수 있겠습니까? 우리는 그 진주를 정말 사고 싶은 걸까요?

인간관계에서도 마찬가지입니다. 남녀가 서로 사랑하면 다른 사람은 눈에 보이지 않습니다. 하느님께 향할 때도 이와 같습니다. 우리에게 중요한 것이라면 다른 것은 눈에 들어오지 않습니다. 모든 것은 빛을 잃고 단지 배경으로 있을 뿐이며, 참으로 중요한 분만 강하게 나타납니다.

우리는 생활의 일부분만 하느님께 내어 드리고 나머지 더 넓은 부분은 빛을 잃어도 제 소유로 남겨 놓으려 합니다. 하느님께서는 우리 밖에 계실 수도 있고 십자가로 우리의 모든 걸 짊어질 마음도 있으시지만, 삶의 일부분이 되고 싶어 하시지는 않습니다. 그러니 하느님의 부재를 생각할 때는 누구에게 불평해야 할지 자문해 보아야 합니다.

우리는 항상 하느님께 불평하고 책임을 전가합니다. 하느님의 현존을 느낄 수 없고 기도해도 들어주시지 않는다고 그분을 비난하기도 합니다. 때로는 아주 신실한 척하면서 "하느님께서 내 인내심과 신앙과 겸손을 시험하시는 거야."라고 말하기도 합니다. 우리는 하느님의 심판을 자신의 칭찬으로 바꾸기를 잘합니다. 자신은 인내심이 강해 하느님을 참아 준다고 착각하기도 하지요.

제가 젊은 신부였을 때, 미사 끝나고 어떤 소녀가 와서 말했습니다.

"신부님, 신부님은 굉장히 죄가 많으신가 봐요."

그래서 저는 물었습니다.

"물론 죄가 많지. 근데 그걸 어떻게 알았니?"

그 소녀는 이렇게 말하더군요.

"신부님이 강론하실 때 우리 죄를 어찌나 잘 묘사하시는지, 신부님도 그런 죄를 지은 적이 있을 거라고 생각했어요!"

기도하기를 원하는 사람이 가장 먼저 알아야 할 것은 우리 모두 구원이 필요한 죄인이라는 점입니다. 우린 하느님과 떨어져 있으나 그분 없이는 살 수 없고, 우리가 그분께 드릴 것은 주님께서 통회하는 우리를 자비와 사랑으로 받아 주셨으면 하는 간절한 소망뿐입니다. 그러니 기도는 겸손하게 하느님께 향하는 동경에서 시작되어야 합니다. 그리고 하느님께로 갈 때 은총이 이끌어 주는 대로 조심스레 나아가야 합니다.

그렇게 마음을 다해 그분을 경배하며 그분과 하는 만남이 심판이 아니라 구원이 될 수 있도록 온전히 하느님께 향하는 것이 우리가 할 수 있는 일의 전부입니다.

바리사이와 세리의 비유를 생각해 봅시다. 세리는 성전 멀리 서서 자신이 죄인임을 알고 고백했습니다. 따져 보자면 자신이 하느님 나라에 들어갈 수 없는 이방

인임을, 정의도 사랑도 지니고 있지 않음을 깨달았습니다. 그러나 잔혹하고 거친 세리의 생활 속에서 바리사이가 배우지 못한 무엇인가를 그는 배운 듯합니다. 생존 경쟁을 하는 잔혹한 세계에서 희망은 동정과 자비뿐임을 알고 있었을 것입니다.

세리이며 고리대금업자로서 어떤 때는 이유 없이 갑자기 마음이 부드러워지고 불쌍한 생각이 들어 빚진 사람을 용서해 준 때가 있었을 것입니다. 호소하며 애원하는 얼굴을 보고 가슴이 뭉클해져서 감옥에 넣지 않았을 때도 있었을 것입니다. 여기에는 논리가 없습니다. 비상식적이고 갑작스럽지만 자신도 어찌할 수 없는 마음이 들어 자비를 베풀기도 했을 것입니다. 자신 역시 누군가가 동정심을 가지고 자비를 베풀어 예상치 못하게 도움을 받은 적이 있기도 했을 것입니다.

그래서 그 세리는 성전 마당에 서 있습니다. 정의와 신적 사랑의 영역인 성전 안에는 차마 발을 들여놓지 못합니다. 그리고 불가능하다고 생각했던 일이 일어났던 제 삶을 떠올렸고 혹시 이번에도 그런 일이 일어나지는 않을지 기대하며 자비를, 용서를 청했습니다.

"하느님! 이 죄인을 불쌍히 여겨 주십시오."
(루카 18,13)

저는 이것이 우리가 늘 기도를 시작할 때마다 가져야 할 마음 자세라고 생각합니다. 주님께서 바오로 사도에게 말씀하신 걸 기억해 봅시다.

"나의 힘은 약한 데에서 완전히 드러난다."
(2코린 12,9)

약함은 우리가 죄를 짓고 하느님을 잊는 그런 약함이 아니라, 하느님께 자신을 온전히 맡기며 있는 그대로 내어 보이고 내어 놓는 그런 약함을 말합니다. 우리는 강해지려고 애쓰다가 하느님께서 힘을 보여 주시려는 것을 방해할 때가 있습니다.

어렸을 때 어떻게 글쓰기를 배웠습니까? 어머니가 우리 손에 연필을 쥐어 주고 손을 꼭 잡고 연필을 움직입니다. 우리는 어머니가 무엇을 하려는지 전혀 모르기 때문에 하자는 대로 어머니에게 완전히 맡겼습니다.

하느님의 힘이 약한 데에서 드러난다는 말은 이런 것을 뜻합니다. 항해할 때도 마찬가지입니다. 돛단배가 바람을 타고 갈 수 있는 것은 돛이 약하기 때문입니다. 돛 대신에 견고한 나무판자를 갖다 세우면 바람을 탈 수 없습니다. 돛의 약함이 돛을 바람에 민감하게 해 주는 것입니다. 이처럼 하느님께서 우리에게 가르쳐 주시려는 것은 깊이 생각하고 세밀하게 계획하여 모든 걸 해결하려는 우리 능력에 대한 신뢰를 하느님의 손안에 맡기는 연약함으로 바꾸시려는 것입니다.

제2차 세계 대전 때 점령된 파리를 수복하다 제 친구가 아이 두 명을 남겨 놓고 전사했습니다. 예전에는 아이들이 저를 별로 좋아하지 않았습니다. 그렇지만 그 친구가 전사한 후로는 잘 따랐지요. 아이 중 한 명은 열다섯 살 소녀였습니다. 어느 날 수술 준비를 하고 있을 때(신부가 되기 전에 저는 의사였습니다) 그녀가 저를 찾아왔습니다. 여러 가지 수술 도구 옆에 복음서를 놓아둔 것을 보고 이렇게 말했습니다.

"교육을 많이 받으신 분이 어떻게 저런 어리석은 것을 믿으시는지 이해할 수가 없군요."

저는 그녀에게 물었습니다.

"복음서를 읽어 본 적 있니?"

"아니요."

그래서 저는 이렇게 말했습니다.

"자기가 모르는 것을 섣불리 판단하는 사람처럼 어리석은 사람이 없음을 기억해 두거라."

그 후에 그녀는 복음서를 읽었습니다. 그리고 복음에 맛 들여 인생이 달라졌습니다. 기도하기 시작했고, 하느님의 현존을 체험하여 그 현존 안에 살았습니다.

그녀는 어느덧 자라서 결혼을 하였습니다. 그런데 제

가 신부가 되어 영국에 있을 때 불치병에 걸렸다며 편지를 보내왔습니다.

"제 몸은 점점 약해지고 있습니다. 저는 죽어 가고 있지만 정신은 전보다 더 생생하고 하느님의 현존을 쉽게, 즐겁게 느낄 수 있습니다."

저는 충고하는 내용의 답장을 보냈습니다.

"그런 상태가 계속되리라고 기대하지는 말거라. 기력을 좀 더 잃으면 하느님께로 향할 수 없게 될 것이고, 그분의 현존조차 느끼지 못하게 될 것이다."

얼마 후에 그녀가 다시 편지를 보내왔습니다.

"신부님 말씀이 맞았습니다. 이제 너무나 지쳐서 하느님께로 향할 노력조차 할 수 없고, 무엇을 간절히 바랄 기력도 없습니다. 하느님은 가 버리셨습니다."

저는 답장을 보냈습니다.

"이제 새로운 단계로 들어갈 차례란다. 정말 깊고 현실적인 의미에서 겸손을 배우도록 하거라."

겸손이라는 단어는 라틴어 '후무스Humus'에서 유래

했습니다. 비옥한 땅을 의미하지요. 그런데 겸손은 우리가 생각하는 것과 상당히 다른 듯합니다. 자신을 낮추고, 가장 부족한 사람이라고 생각하려 하고, 남 앞에서 그런 사람처럼 행동하려는 인위적인 것은 겸손이 아닙니다. 겸손은 땅과 같은 것입니다.

땅은 항상 거기 있기에 늘 있겠거니 생각되어서 아무도 기억하지 않습니다. 항상 모든 사람이 그 위를 밟고 지나가고 원하지 않는 쓰레기를 모두 갖다 버립니다. 땅은 조용히 모든 것을 받아들이면서 모든 쓰레기를 부패시키고, 변화시키고, 씨앗에 실체와 생명을 줄 힘을 가지고 있습니다. 해와 비를 받아들이고 우리가 뿌리는 어떤 씨든 받아들여 30배나 60배나 100배의 수확을 낼 수 있습니다. 저는 그녀에게 다음과 같이 말했습니다.

"하느님 앞에서 이렇게 되기를 배워야 한단다. 겸손하게 사람들이나 하느님에게서 오는 것은 무엇이든 받아들일 준비를 하거라."

실제로 그녀는 큰 고통을 겪었습니다. 6개월 후에 남

편은 죽어 가는 그녀에게 싫증이 나서 그녀를 떠나 버렸습니다. 그녀는 버림받았지만, 하느님께서는 그 위에 해와 비를 내리셨습니다. 그런 일을 겪은 지 얼마 되지 않아 그녀가 저에게 편지를 썼습니다.

"저는 완전히 끝나 버렸습니다. 하느님께로 향할 수조차 없습니다. 그러나 이제 하느님께서 저에게로 내려오십니다."

이 이야기는 단지 예시가 아니라, 제가 말하고자 하는 핵심을 보여 줍니다. 약한 데에서 하느님께서는 당신의 힘을 나타내시고, 하느님의 부재를 느끼는 그 환경이 곧 그분의 현존으로 변한 것입니다. 우리는 하느님을 붙잡을 수 없습니다. 그러나 우리가 세리나 이 여성처럼 서 있기만 한다면 정의가 아니라, 자비를 통해 하느님을 만날 수 있습니다.

하느님의 부재에 대해서 생각해 보십시오. 그리고 문을 두드리기 전에 이 부재를 깨닫도록 하십시오. 하느님 나라의 문을 두드릴 때 그리스도께서 "나는 문이다."(요한 10,9)라고 하신 걸 기억하고 그 문을 두드리기 전에 우리가 문밖에 있다는 사실을 깨달아야만 합니다.

만일 우리가 이미 하느님 나라에 있다고 생각한다면 문을 두드릴 필요가 없습니다. 그런데 그 나라에 들어와 있다고 생각하면 천사들과 성인들이 어디 있는지 살펴보고 우리가 속한 거처가 어디 있는지 찾을 텐데, 어둠과 벽 외에는 보이는 게 없을 것입니다. 아마도 천국이 전혀 매력적이지 않다고 생각할 수도 있습니다. 사실 우리는 아직 문밖에 있습니다. 그러니 "문이 어디에 있지? 어떻게 문을 두드려야 할까?" 하고 스스로에게 물어보아야 합니다.

다음 장에서 문을 두드리는 것에 관해 좀 더 깊이 있게 살펴봅시다. 그리고 안으로 들어가도록 노력해 봅시다. 하느님 나라 안에 들어와 있어야만 비로소 기도가 가능하기 때문입니다.

제2장

문을 두드림

Experiencing Prayer

· ✤ ·

　앞에서 이미 말했듯이 우선적으로 하느님의 나라 밖에 있다는 확고한 자각이 필요합니다. 이런 인식이 없으면 그 안에서 살고 있다고 착각하며 문을 두드릴 생각은 전혀 하지 않은 채 허송세월을 보낼 수도 있고, 하느님 나라의 깊이를 체험하여 그 아름다움과 진리와 영광을 보지도 못할 것이기 때문입니다.

　여기서 밖에 있다는 말이 명확한 표현은 아닙니다. 사실 우리가 완전히 하느님 나라 밖에 있다거나 안에 있다거나 하는 말은 단순하게 할 말이 아니기 때문입니다. 오히려 어떤 단계에서 더욱 깊은 단계로 들어가는 과정이라고 보는 게 나을 것입니다. 그리고 각 단계에서 그 안에 있는 풍요로움을 맛보게 되면 더 나아가고 싶고 점점 더 깊은 곳으로 들어가고 싶어집니다.

하느님 나라 밖에 있을 때에도 우리는 이미 굉장히 부유합니다. 그러나 하느님께서 많은 것을 주셔서 지적으로나 감정적으로 풍요로운 생활을 하고 있으니 부족함 없고 완전하다고 생각한다면 우리는 더 이상 아무것도 갈망하지 않고 여기서 끝날 것입니다. 이런 망상에 사로잡히지 않으려면, 우리 앞에 항상 그 이상이 있음을 알아야만 합니다. 받은 것에 기뻐해야겠지만, 그러면서도 마음의 가난을 잃지 않아야 합니다. 우리가 이미 가진 것에 속아서 앞에 있는 것을 포기하는 일이 없도록 왕국의 참된 부를 갈구해야만 합니다.

우리가 소유한 모든 것은 선물입니다. 이를 기억해야 합니다. 복음에서 말한 여덟 가지 행복의 첫 번째 것은 청빈이고, 청빈에 따라 살아야만 하느님의 나라에 들어갈 수 있습니다. 그런데 "가난한 자는 복되다."라는 말에는 두 가지 면이 있습니다.

첫째는 내가 소유할 나만의 것이 아무것도 없다는 것입니다. 곧 나는 아무것도 아니며, 아무것도 가지고 있지 않기에 가난하다는 것입니다. 우리의 존재 자체도 주어진 것이고, 우리 의지와 관계없이 생겨난 것입니다. 우리의 생명도 아무도 빼앗아 갈 수 없는 것이며 잠시 주어졌지요. 우리의 육체는 죽을 것이고, 뇌에 약간만 문제가 생겨도 몸이나 정신은 제 기능을 하지 못할 것입니다. 따뜻해야 할 우리의 마음도 불우한 사람을 보고 모든 이해와 동정을 쏟아야 할 때 돌처럼 차가워지기 일쑤입니다.

이렇게 우리가 소유한 것의 주인이 아니라는 점에서 아무것도 가지고 있지 않다고 말할 수 있습니다. 이런 생각이 우리를 기쁘게 하는 대신 실망시킬 수도 있습니다. 그러나 우리가 가진 모든 것이 타인에게 빼앗길 일 없을 정도로 확실하게 우리 것은 아니라 할지라도 그것들이 우리에게 주어진 것임을 기억하고 기뻐해야 할 것입니다. 이것이 "가난한 자는 복되다."라고 한 행복의 둘째 면입니다.

우리가 소유한 모든 것은 선물이며, 하느님의 사랑과 인간의 사랑을 우리에게 드러내 주는 것입니다. 우리가 아무것도 소유하지 않는다면 하느님의 사랑은 우리의 가난 속에서 계속 충만하게 빛날 것입니다. 그러나 일단 우리 손에 넣으려고 빼앗아 쥐고 있으면 사랑의 영역을 벗어나게 됩니다. 그것이 우리 것이 되는 대신 사랑을 잃어버린다는 말입니다. 모든 것을 줘 버리는 사람만이 진정한 정신적 가난을 깨닫게 되고 모든 것이 하느님의 선물임을 알아 그분의 사랑을 간직하게 됩니다. 어떤 신학자는 이렇게 말했습니다.

"이 세상의 모든 음식은 하느님의 사랑이 먹을 것으로 표현된 것이다."

이는 맞는 말입니다. 아무것도 가지고 있지 않다면

원하는 대로 가질 수도 있고 떠날 수도 있습니다.

이것이 곧 하느님 나라입니다. 소유욕에서 자유로워져 얻은 이 자유가 인간적 사랑과 신적 사랑 안에 우리를 안착시키는 것입니다. 다시 말해서 우리는 여러 면으로 부유합니다. 그러나 우리가 소유한 것에 속아서 헌 창고를 헐고 새 창고를 지어 재산을 저장해 놓겠다고 생각해서는 안 됩니다. 우리는 아무것도 저장해 놓을 수 없기 때문입니다. 우리에게는 오직 하느님의 나라만이 있을 뿐입니다. 그래서 자유롭게 앞으로 나아가기 위해서는 하나씩 하나씩 버릴 수 있어야 합니다.

소유는 빈곤을 뜻한다는 생각을 해 본 적 있습니까? "이 시계는 내 것이다." 하고 그 시계를 손에 쥐면 그것을 쥔 손을 잃어버립니다. 그리고 재산에 마음을 빼앗기면 가지고 있는 만큼은 간직할 수 있겠지만, 자신이 그 정도로 작아지고 맙니다.

우리가 밑바닥에 다다른 순간, 자신이 아무것도 소유한 게 없다는 자각에 이르는 순간, 우리는 하느님 나라의 문 앞에 서 있는 것입니다. 그리고 하느님께서 사랑이시라는 점과 그분께서 우리를 당신 사랑으로 붙들고 계시다는 점을 깨닫기 시작합니다.

그때 우리는 모순되어 보이는 두 가지 체험을 말할 수 있습니다. 즉, 지독한 비참과 자기 포기와 가난 속에서도 기도를 통해 하느님의 사랑으로 풍요롭다는 것에 기쁨을 느낄 수 있습니다. 그러나 이는 우리가 가난하다는 사실을 알아야만 가능합니다. 자신이 부유하다고 믿으면 하느님께 감사할 것이 없고 그분께 받는 사랑을 깨달을 수도 없기 때문입니다. 보통 우리가 드리는 감사는 너무나 일반적이고, 우리가 하는 통회도 너무나 일반적입니다.

언젠가 한번 저는 살면서 누구나 겪을 평범한 일에서 이러한 경험을 한 적이 있습니다. 10대 소년이었을 때 친구와 함께 여행을 갔는데, 점심 먹을 시간에 도착할 예정이었습니다. 그렇게 계획을 짰지요. 점심시간에 제대로 도착만 하면 그곳에 있는 사람들이 저를 옆방에 두고 자기들만 먹을 수는 없으리라고 생각했습니다.

그러나 제가 탄 기차가 늦게 목적지에 도착해서 저는 점심도 못 먹고 굉장히 배가 고팠습니다. 저와 친구는 먹을거리가 좀 있는지 물었습니다. 남은 건 오이 반쪽밖에 없었습니다. 저는 그 오이 반쪽을 쳐다보며 '하느님께서 우리에게 주실 것이 이것뿐인가?' 하고 생각했습니다. 친구가 기도하고 먹자고 말했을 때 저는 기가 막혔습니다.

"허, 오이 반쪽을 놓고 기도를 하다니!"

친구가 저보다는 나은 신자라고 생각하며 함께 기도를 드렸습니다. 기도하면서도 저는 그 반쪽짜리 오이를 쳐다보며 '결국 내 몫은 오이 4분의 1쪽밖에 되지 않는구나.' 하는 생각만 했지요.

우리는 오이를 반으로 쪼개 나눴습니다. 그런데 막상 오이를 한 입 베어 물자 감사한 마음이 들었습니다. 제 인생에서 음식을 보고 그렇게 하느님께 감사를 드린 적이 없었습니다. 저는 그걸 마치 거룩한 음식을 먹는 듯

먹었습니다. 그 시원한 오이를 먹는 기쁨을 금방 잃지 않도록 조심조심 천천히 먹었고, 다 먹은 다음에는 "하느님께 감사드리자."라는 말을 서슴지 않고 할 수 있었습니다.

우리가 먼저 손과 마음을 온전히 열 수 있도록 모든 소유욕에서 자유롭게 되지 않는다면 하느님께로 갈 수 없고, 기도할 수도 없습니다. 돈이 떨어질까 봐 펼치기도 두려운 지갑 같아서는 안 됩니다. 알 수 없고 기대하지도 못하는 것에 마음을 빈 지갑처럼 온전히 열어 놓아야 합니다. 이것이 우리가 부유하면서도 부에서 완전히 자유롭게 되는 방법입니다. 그리고 이것이 바로 우리가 하느님 나라 밖에 있어도 부유하고, 안에 있어도 참으로 자유로울 수 있는 이유입니다.

따라서 고행이나 단식도 이런 뜻으로 해야 가치가 있습니다. 배만 고프게 하는 단식이 아니라 어느 것에도 노예가 되지 않도록 절제의 태도를 가르치는 것이어야 합니다. 이것은 생활 전체와 관련된 문제입니다. 보통 죄가 시작되는 상상에서부터 절제가 필요합니다.

9세기에 살던 어느 정교회 작가가 육체의 죄는 정신이 육체에 지은 죄라고 한 적이 있습니다. 육체가 죄를 지은 것이 아니라, 상상을 절제하지 못한 데 원인이 있다는 말입니다. 상상이 우리를 포로로 만들지 않으면 물건들은 우리 밖에 있습니다. 그러나 상상이 우리를 붙잡아서 물건들에 가두어 놓으면 우리는 물건에 집착하게 됩니다.

배가 무척 고프다고 상상해 보십시오. 고기나 채소, 과자 같은 여러 음식이 떠오를 것입니다. 걸리버처럼 머리카락을 하나씩 하나씩 땅에 매어 두게 되면, 하나씩은 아무것도 아니지만 끝에 가서는 꼼짝 못 하게 될 것입니다. 이렇듯 한번 제멋대로 상상하도록 내버려 두면 일이 훨씬 더 어려워집니다. 이 점에서 우리는 처음부터 절제해야 하고 자유를 위해 싸워야 합니다. 애착과 사랑에는 큰 차이가 있습니다. 마치 배고픔과 탐욕, 관심과 호기심 등에도 큰 차이가 있듯이 말입니다.

우리 본성에는 악에 이끌리고 노예가 되기 쉬운 면이 있습니다. 그래서 상상을 멈추고 처음부터 "안 돼!" 하고 말해 주어야 합니다. 제때에 안 된다는 말을 하지 않으면 그다음에는 싸워야만 합니다. 그리고 이때는 냉혹해야 합니다. 이성理性과 초탈이 향락의 대가로 당하게 되는 노예화보다 우리에게 훨씬 더 귀중한 것이기 때문입니다.

지금까지 말한 것에 동의한다면 문을 두드려야 할 때가 온 것입니다. 이 시점에서 여러 가지 심각한 문제들이 대두됩니다. 우리가 두드려야 할 문이 어느 교회의 문이라면 그저 가서 두드리면 됩니다. 그러나 어디를 두드려야 할지 모르는 게 문제입니다. 사람들은 기도하기를 원하면서도 대부분 "어디를 향해서 기도해야 할까? 내 눈과 마음을 어디로 향하게 해야 할까?"라고 자문합니다.

우리가 이슬람인이라면 간단히 메카를 향하면 됩니다. 사실 그들에게도 메카를 향한 후에는 어떻게 해야 하는지 모르는 점이 문제라고 하긴 합니다. 하느님이 아닌 다른 사물에 눈을 돌려서는 안 됩니다. 상상의 신에게로 눈을 돌리는 순간 자신과 하느님 사이에 우상을 만들어 놓을 위험이 있습니다.

4세기 그레고리오 성인은 우리가 눈에 보이는 표시나 십자가, 감실, 성화 아니면 보이지 않는 마음의 표상이라도 자신의 상상이나 그림에서 보던 대로 우리 앞에 놓을 때 이미 자신과 하느님 사이에 방해물을 놓는 것이라고 말했습니다. 기도를 향하게 할 그분을 형상으로 그렸기 때문입니다.

오히려 우리가 해야 할 일은 하느님에 대해서 아는 모든 지식을 다 종합해서 그분의 현존 안에 머무르도록 하는 것입니다. 동시에 그분에 대한 지식은 벌써 과거고, 지금 그분의 모든 복잡성과 단순성 안에서 지극히 가깝지만 아직도 모르는 하느님을 대면하고 서 있음을 기억해야 합니다. 우리가 알지 못하는 그분 앞에 온전히 열린 상태로 서 있기만 한다면, 미지의 그분께서는 당신 자신을 오늘의 우리에게 나타내 보여 주십니다. 그러니 이런 열린 마음과 열린 자세로 어떤 개념이나 표상으로 하느님을 그리거나 붙잡아 놓으려 하지 말고 그대로 서서 문을 두드려야 합니다.

두드릴 문이 어디에 있느냐고요? 복음은 우리 안에 천국이 있다고 합니다. 천국을 우리 안에서 발견할 수 없다면, 우리의 가장 깊은 곳에서 하느님을 만날 수 없다면, 밖에서 그분을 만날 가능성은 더더욱 없습니다.

러시아의 우주 비행사 가가린이 우주여행을 마치고 돌아와서 창공에서 하느님을 만날 수 없었노라고 했을 때 모스크바에 있는 어떤 신부님이 "땅에서 그분을 만나지 못했으면 하늘에서도 만나지 못했을 것입니다."라고 평한 적이 있습니다. 제 말도 이와 같은 것입니다. 우리가 우리 안에서 하느님을 느낄 수 없다면, 비록 그분을 만난다 해도 알아보지 못할 것입니다.

요한 크리소스토모 성인은 "마음의 문을 찾으십시오. 그것이 곧 하느님 나라의 문임을 발견할 것입니다."라고 했습니다. 그러니 우리는 안으로 향해야 합니다. 밖으로 향해서는 안 됩니다. 그러나 안으로 향한다는 것은 아주 특별한 뜻입니다. 내성적으로 또는 소극적으로 되라는 말이 아니고, 심리 분석을 하라는 것도 아닙니다. 기도는 그저 내 안으로 향하는 여행이 아니라, 나 자신을 통해서 내 가장 깊은 곳, 하느님께서 계신 곳으로 가서 하느님과 만나기 위해 여행을 하는 것입니다.

그래서 기도를 시작하기 위해 두 가지를 배워야 합니다. 첫째는 안으로 들어가는 것이고, 둘째는 기도하면서 어떻게 말하고 어디를 향해 말씀을 드려야 하나, 하는 것입니다.

우선 "어디를 향해서 누구에게 기도할 것인가?"를 말해 보겠습니다. 사람들은 하늘을 향해서 외치려는 충동을 받습니다. 그리고 하늘이 비어 있고, 어떤 메아리도 울려 퍼지지 않는다는 데 놀랍니다. 당연합니다. 하늘에서 메아리가 돌아올 수는 없습니다.

7세기 영성 작가인 요한 클리마코 성인은 기도와 기

도할 때 하는 말은 화살과 같다고 썼습니다. 그러나 화살을 가진 것만으로는 충분하지 않습니다. 과녁을 맞히려면 좋은 활과 힘센 팔을 가지고 있어야 합니다. 좋은 활과 힘센 팔이 있으면 화살은 멀리 나아갈 수 있습니다. 팔에 힘이 없다면 과녁까지 가지 못합니다.

기도할 때 하는 말이 화살이라고 가정한다면 마음속 가장 깊은 곳에 계시는 하느님을 향해 쏴야 합니다. 우리 안 가장 깊은 곳을 향해서 활을 겨누어야 한다는 말입니다. 그리고 화살이 강하게 날아가도록 모든 조건을 채워 주어야 합니다. 보통 우리는 기도할 때 산만하기도 하고, 마음이 다른 곳에 가 있을 때가 대부분입니다. 이런 상태를 개선하려면 우리가 기도하는 대로 생활에서도 실천이 이루어져 서로 도움을 주어야 합니다.

우리가 모든 것의 근본이시며 원천이신 그분을 부르면서 마음 가장 깊은 속을 뚫고 지나갈 결심을 하고 실천한다면 우리가 어디로 가야 하는지 우리의 기도는 어디에 목표를 두어야 하는지 잘 알게 될 것입니다.

뒤도 위도 아니고 깊이, 더욱 깊이 들어가서 우리가 가려는 길을 막는 모든 저항과 감추려는 거짓을 뚫어 버리고 가장 깊은 핵심까지 들어가야 합니다. 그렇게 되면 비록 어렵고 힘들기는 하겠지만 나도 기도라는 걸 할 수 있다고 느끼게 될 것입니다. 이렇게 하려면 기도문을 잘 선택해야만 하지요.

기도문 선택은 매우 중요합니다. 어떤 사람과 만나서 친분을 나눌 때 적절한 말을 사용하는 게 중요하듯이 기도 역시 마찬가지입니다. 어떤 것을 택하든지 그 기도가 자신에게 의미 있는 것이어야 하고 불안하게 하지 않는 것이어야 합니다.

어떤 기도문은 참으로 하느님께서 앞에 계신데 자신이 실천할 수 없는 말만 늘어놓기 때문에 불안하게 하기도 합니다. 자신이 기도문을 외우면서 부끄러워한다면 하느님께서도 기도를 들으시며 이상하게 여기실 것입니다.

기도문은 정말 마음을 다해서 할 수 있는 것을 선택

해야 합니다. 그래서 먼저 자신에게 맞고 하느님께도 맞는 기도문을 찾아야 하지요. 어떤 특별한 표현을 찾으려 할 필요는 없습니다. 그렇게 되면 위험에 빠지게 될지 모릅니다. 기도문을 사용할 때 하느님의 수준에 맞는 말을 찾으려는 위험입니다. 불행히도 하느님과 같은 수준에 있는 사람은 아무도 없습니다. 이런 기도문을 찾으려면 시간만 낭비하고 말 것입니다. 이 말을 잘 이해할 수 있도록 예를 한 가지 들어 보려 합니다. 히브리인의 설화에 다음과 같은 모세 이야기가 있습니다.

하루는 모세가 사막에서 목동을 만났습니다. 그 목동과 하루를 지내며 암소 젖을 짜는 일을 도와주었습니다. 그런데 해가 지자 그 목동이 제일 좋은 우유를 나무 그릇에 담아 가지고 어느 정도 떨어진 곳에 있는 평평한 돌 위에 놓았습니다. 그것을 본 모세가 "무엇을 하십니까?"라고 물었더니 그 목동은 하느님께 우유를 드린다고 대답했습니다. 의아해진 모세가 그게 무슨 뜻이냐고 물었습니다. 목동은 이렇게 말했습니다.

"저는 항상 제일 좋은 우유를 가져다가 하느님께 봉헌한답니다."

단순한 신앙을 지닌 그 목동보다 훨씬 많은 것을 알았던 모세가 물었습니다.

"그럼 그 우유를 하느님께서 드신다는 말입니까?"

목동은 그렇다고 대답했습니다. 모세는 그 불쌍한 목동을 깨우쳐 주고 싶어서 하느님께서는 신이시기 때문에 드시지 않는다고 설명했습니다. 그러나 목동은 그분께서 드신다고 굳게 믿었기에 잠깐 동안 논쟁을 했습니다. 결국 모세가 목동에게 숲속에 숨어 정말 하느님께서 오시어 우유를 드시는지 보라고 일러 주었습니다. 모세는 사막으로 기도하러 가 버리고 목동은 남아서 숨어 있었습니다.

사방은 어둡고 달빛만이 밝은 밤이 찾아왔습니다. 어느 순간 작은 여우가 나타나서 좌우를 살펴본 후 곧장 우유 있는 데로 가서 급히 핥아 먹고는 사막으로 다시 사라졌습니다.

다음 날 아침 모세는 목동이 침울한 상태로 앉아 있는 것을 보았습니다.

"왜 그러십니까?"

모세가 묻자, 목동은 이렇게 말했습니다.

"당신 말이 맞았습니다. 하느님께서는 물질이 필요 없는 신이시기 때문에 제 우유를 원치 않으십니다."

목동의 실망한 목소리에 놀란 모세가 말했습니다.

"하느님을 전보다 더 많이 알았으니 기뻐해야지요."

그러자 목동은 대답했습니다.

"예, 그렇습니다. 하지만 하느님께 제 사랑을 표현할 유일한 방법을 잃어버렸습니다."

목동이 슬퍼하는 이유를 알아들은 모세가 사막으로 들어가서 열심히 기도할 때 하느님께서 모세에게 말씀하셨습니다.

"모세야, 네가 틀렸다. 내게 물질이 필요 없는 건 사실이지만, 그 목동이 바치는 우유를 그의 사랑의 표시로 항상 고맙게 받아들였다. 그러나 신이니까 우유가 소용없었기에 우유를 아주 좋아하는 작은 여우와 그걸 함께 나누고 있었던 것이다."

다시 한번 두 가지를 강조하고 싶습니다. 첫째로 기도는 창공에 계신 신이나 멀리 계신 신께 향하지 말아야 합니다. 기도는 안으로 향해야 하고 우리가 생각하는 것보다 더욱더 우리에게 가까이 계시는 하느님께로 향해야 합니다.

둘째로 자신들에게 솔직하고 알맞은 말을 선택해 할 수 있는 한 모든 정성을 들여 하느님께 말씀드리며 기도를 시작해야 합니다. 또한 기도를 드릴 때는 마음을 전부 쏟아야 하며 하느님을 있는 그대로 인정하고 우리를 있는 그대로 보이며 사랑을 표현해야 합니다.

그러므로 우선적으로 할 일은 자신이 만든 것이거나 남이 만든 것이거나 하느님께 말씀드리기에 적합해 보이는 말을 찾는 것입니다. 그리고 그 말이 자신의 마음을 얼마나 감동시키며 정신을 집중시키는지 자문해 보십시오.

자신이 하는 말에 자신도 집중하지 않는다면 하느님께서 그러실 필요가 있겠습니까? 마음을 기도에 담지 않고 그저 적당히 예의를 차리고 겉치레만 한다면 하느님께서 어떻게 그걸 우리가 사랑을 표현한다고 받아들이시겠습니까?

우리가 택한 기도문을 외울 때 모든 정신을 하느님의 현존에 집중하고, 이 기도를 하느님께 봉헌하는 법을 배우기만 하면 우리 안에 있는 하느님에 대한 의식이 점점 자라서 사람들과 말하거나 혼자 일하거나 이 의식이 계속되어 사람들과 함께 있을 때에도, 일할 때에도 기도를 할 수 있게 됩니다.

영성 작가들은 보통 이것을 두 가지 비유로 말합니다. 하나는 단순한 비유이고, 또 하나는 삶에서 체험을 한 후에 나온 고귀한 비유입니다.

단순한 비유란 은수자 테오파네스가 이렇게 말한 것과 같습니다.

> "하느님의 현존이 치통처럼 분명히 여러분과 함께 있음을 깨달을 것입니다."

이가 아프면 잊어버릴 수 없습니다. 말을 하거나 독서를 하거나, 청소를 하거나 노래를 부르거나, 그 외에 무슨 일을 하든지 치통은 사라지지 않습니다. 이처럼 마음에 하느님을 그리워하는 아픔이 있어야 한다고 그는 말합니다. 존재 한가운데에 하느님을 향한 갈망이 있어서 "나는 혼자 있는데 그분께서는 어디 계시지?" 하는 느낌으로 기도에 임해야 한다고 합니다.

이를 좀 더 고귀하게 비유하면 이렇습니다. 어떤 큰 기쁨이나 고통이나 슬픔을 겪으면 하루 종일 그것을 잊지 못합니다. 사람들의 말을 듣거나 책을 읽거나 다른 모든 일을 할 때에도 우리 안에 있는 어떤 슬픔, 고통, 기쁨 또는 즐거운 소식을 듣고 느낀 희열감은 계속 남아 있습니다.

하느님의 현존도 이와 같습니다. 그리고 하느님의 현

존이 이처럼 분명해진다면 다른 일을 하면서도 기도할 수 있습니다. 육체적인 일을 하면서도 기도할 수 있고, 다른 사람들과 대화를 나누면서도 기도할 수 있습니다. 물론 처음부터 이렇게 할 수는 없습니다. 그러니 우리는 먼저 경배하는 자세와 겸손한 마음을 가질 수 있도록 연습해야 합니다. 기도하면서 다른 생각을 떠올리기는 너무나 쉽기 때문입니다.

이제 기도할 때 참으로 집중하고 마음을 안정시켜서 하느님께 자신을 온전히 내맡깁시다. 그렇게 하여 언제든지 집중할 수 있는 정신과 마음을 갖는 법을 배워 봅시다. 먼저 일정하게 정해 놓은 기도 시간에 이 방법을 배우면 다른 상황에서도 노력에 따라 이런 마음을 가질 수 있을 것입니다.

다음 장에서는 한두 개의 기도문을 택해서 그걸 어떻게 자신의 깊은 곳까지 뚫고 들어가도록 해석하는지, 어떻게 하느님께로 향하게 하는지 말하려 합니다. 또 자신의 깊숙한 곳까지 들어갈 수 있는 방법도 설명하겠습니다.

기도 생활에 많은 것을 가르쳐 줄 작은 여우를 기억해 주십시오. 모세와 목동 이야기에 나오는 그 여우 말입니다. 여우가 나오니까 하는 말인데, 하느님과 어떻게 친구가 되어야 하는지 알고 싶으면 앙투안 드 생텍쥐페리의 《어린 왕자》를 한번 읽어 보십시오. 거기에 나오는 여우를 통해 예민하고 부끄럽고 상처 입은 마음과 친구가 되는 법을 알 수 있을 것입니다.

제3장

내면으로 들어가기

Experiencing Prayer

우리가 모두 대면하고 해결해야 할 문제, 기도를 어디로 향하게 할 것인지는 이미 말한 바 있습니다. 제가 말한 답은 자신 안으로 향해야 한다는 것이었지요. 우리가 하느님께 드리고 싶은 기도가 자신에게 중요하지도 않고 의미도 없다면 어떻게 하느님께 말씀드릴 수 있겠습니까? 자신이 하는 말에 정신을 집중하지 않고, 마음이 거기에 없으며, 생활이 기도하는 것과 같은 방향으로 바뀌지 않는다면, 기도는 하느님께 다다를 수 없을 것입니다.

　　그래서 우선적으로 해야 할 일은 마음과 정신과 뜻

을 다해 드릴 기도를 한 가지 선택하는 것입니다. 이런 기도는 전례적으로 아름다워야 할 필요가 없고, 자신과 잘 맞고, 진정으로 표현하고자 하는 것이면 됩니다. 그리고 이 기도가 지니는 모든 의미와 풍요로움을 정확히 이해하고 있으면 됩니다.

기도에는 여러 가지 종류가 있습니다. 영혼에서 자연스럽게 흘러나오는 자신의 기도를 드릴 수도 있고, 그 안에 굉장히 많고 깊은 뜻을 포함하는 기도문을 사용할 수도 있지요. 이런 기도문에는 여러 상황에 맞게 쓰라고 평범한 사람들이 만든 것에서부터 성인들이 깊은 영적 체험을 해서 우러나온, 인간이 만든 게 아니라 성령께서 그들의 생활과 마음에 불어넣어 주신 기도문도 있습니다.

자연적인 기도는 두 가지 상황에서 가능합니다. 하느님의 현존을 생생하게 느낄 때, 자연스럽게 우러나오는 경배와 기쁨의 기도를 드립니다. 자신을 바치고 살아 계신 하느님을 만날 때 온갖 종류의 응답을 드릴 수 있는 것입니다.

또 한 가지는 자신이 처한 위급한 상황을 별안간 깨닫게 되어 절망과 비참의 골짜기에 있는 상황입니다. 하느님께서 구원의 손을 내밀어 주시지 않는다면 희망이 없음을 알게 될 때지요. 이 두 가지는 매우 대조적인 상황입니다.

우리는 하느님과 만나는 기쁨을 누리게 될 때나 외로움과 절망에 빠져 있을 때 이런저런 말을 덧붙이려는 경향이 있습니다. 그러나 이는 스스로의 감정에 빠져 그것을 표현하고 지속시키려는 것일 뿐이며 다른 사람 눈에는 어리석어 보일 수 있습니다. 복음서에 나오는 타보르산에서 그리스도가 거룩하게 변모하실 때 베드로가 한 말을 기억할 것입니다.

"초막 셋을 지어 하나는 스승님께, 하나는 모세께, 또 하나는 엘리야께 드리겠습니다."(루카 9,33)

복음서에서는 이 말을 한 베드로가 자신이 무슨 말을 하는지도 몰랐다고 했습니다. 너무나 황홀한 무엇을 보았기 때문에 그 느낌을 표현하려고 자신도 모르는 사이에 마음에 떠오르는 무언가를 말한 것입니다.

그러나 우리가 자연스럽게 우러나는 기도를 늘 할 수 있다고 생각한다면 유아적인 환상에 젖어 있는 것입니다. 이런 기도는 영혼에서 우러나는 것으로, 원하는 대로 수도꼭지를 틀어서 나오게 하거나 잠가서 그치게 할 수 없습니다. 아무 때나 할 수 없다는 말입니다. 어떤 경이를 느끼거나 절망을 경험할 때 우리 영혼 밑바닥에서 나오는 것이며, 평상시에는 나오지 않습니다. 그러니 마음에서 강렬하게 우러나오는 이런 기도를 평상시에 할 수 있다고 생각하는 것은 착각입니다.

생활할 때는 대부분 즐거움에 가득 차거나 절망에 빠져 있지 않고 특별한 느낌 없이 무덤덤할 때가 많습니다. 그럴 때 드리는 기도는 저절로 우러나와서 드리는 기도가 아니라 의식적으로 기도하려는 마음을 가지고 하는 기도입니다.

이건 매우 중요한 점입니다. 기도를 시작하는 많은 사람들은 자신이 하는 말이나 기도문을 감정적으로 강렬하게 느낄 수 없으면 진실하지 않다고 느낍니다. 이는 사실이 아닙니다. 마음이 미지근할 때에도 자신의 의지에 진실할 수 있고, 때에 따라서는 지금 하는 기도가 꼭 현재 자기가 느끼는 바를 표현하지 않을 때도 있기 때문입니다.

예가 하나 생각납니다. 우리가 밖에 나가서 힘든 일을 하고 육체적으로 피곤해져서 집에 들어왔다고 합시다. 그때 어머니나 아버지나 아내가 "나 사랑해?"라고 묻는다면 그렇다고 대답할 것입니다. 그러나 "정말 지금 이 순간에 나를 사랑하고 있어?"라고 캐묻는다면 우리는 "솔직히 말하면 나 지금 등이 쑤시고 온몸이 노곤해서 아무것도 느낄 수 없어."라고 고백할 것입니다. 그러나 처음에 사랑한다고 한 말은 진실한 말입니다. 이런 모든 노동과 피로 뒤에는 가족을 위한 사랑이 강하게 작용하고 있었기 때문입니다.

그리스도께서도 "너희가 나를 사랑하면 내 계명을 지킬 것이다."(요한 14,15) 하고 말씀하셨지, "나를 사랑하면 항상 황홀함을 경험하리라."라고 말씀하지는 않으셨습니다. 그분께서는 '내 말을 믿는다면 너희가 마지막 날 받을 상급이나 벌을 염두에 두고 살라'고 하셨는데, 그 말씀의 뜻은 본성적으로 느끼는 감정이나 욕구가 아닌 그 이상의 기준을 따라 살라는 것입니다.

그래서 자연적으로 우러나오는 기도가 아닌 의식적인 노력이 필요한 기도도 중요합니다. 이미 있는 많은 기도문을 가지고 기도할 수 있습니다. 성령의 감도로 쓰인 기도문으로 시편이 있습니다. 그리고 교회 전례에서 쓰이는 길거나 짧은 많은 기도문들도 풍부한 의미를 지니고 있습니다. 우리는 이런 기도문들을 여러 개 외워서 알맞은 때에 알맞은 기도문으로 기도할 수 있도록 해야 합니다.

시편이나 성인들의 기도 중에 뜻깊은 구절들을 암

송할 수 있다면 좋습니다. 우리는 저마다 다른 구절들을 좋아합니다. 깊은 감동이 느껴지는 구절, 자신이 이미 경험한 그 무엇을 표현한 구절, 죄나 기쁨이나 내적 투쟁을 말하고 자신이 하고 싶은 말을 표현하는 구절에 표시해 놓으십시오. 그리고 그 구절을 외워 보십시오.

어느 날 너무나 마음이 침울하고 절망에 빠져들어 자연스럽게 기도할 수 없을 때 이렇게 외운 기도가 생각날 것입니다. 이는 하느님의 선물로 다가와 기력조차 없는 우리를 도울 것입니다. 이때야말로 열심히 외워서 우리의 일부분으로 만든 기도가 필요한 때입니다.

정교회에서는 상당히 긴, 30분씩 걸리는 아침 기도와 저녁 기도를 바칩니다. 이러한 기도를 완전히 외우면 필요한 때 필요한 구절을 여기서 끌어낼 수 있습니다. 그러나 외우기만 하는 것으로 충분하지 않습니다. 기도는 생활에 적용해야만 의미를 갖습니다. 기도와 생활이 서로 엮이지 않으면 기도는 마치 우리가 필요할 때만 하느님께 바치는 일종의 서정시와 같아집니다.

아침 기도 때 한 구절을 말했으면 온종일 그대로 살도록 해야 합니다. 그러려면 복음서를 읽으면서 자신에게 의미가 있는 기도문을 가능한 많이 외우거나, 영성 서적이나 전례 기도에서 의미 있는 구절을 발견하면 그것을 그날 생활에 적용하도록 최선의 노력을 다해야 합니다. 이건 지극히 어려운 일입니다. 하기 힘들겠지만 그래도 한번 해 보십시오.

예를 들어 "주님, 제 마음은 준비되어 있나이다." 하는 기도를 30분 동안 하면 마음이 열려 하느님의 뜻을 따를 준비가 된다고 생각해 봅시다. 이런 기도는 30분이면 충분합니다. 그렇지만 이렇게 절대적이고 어려운 한 구절만을 지키려고 애쓰면 결국 못 하겠다고 포기하거나 아무것도 안 하게 됩니다.

그러는 대신에 서너 개의 구절들을 가지고 차례로 생각해 나가면 점차 성인들이 기도에서 표현했던 모든 생각과 느낌이 우리 것이 되고, 의지에 파고들어 가서 의지와 몸의 틀을 이루게 됩니다. 계명은 몸으로 적용해야 하기에 기도는 행동까지 변화를 일으켜야만 하는 것입니다.

때로는 기도문을 읽어도 아무 느낌이 없을 때가 있습니다. 이렇게 아무것도 느낄 수 없을 때는 통회하는 마음으로 하느님께 "이것이 그리스도인으로서 제 신앙을 표현하는 말이기는 하지만 솔직히 말씀드리면 저는 아무것도 느낄 수 없습니다."라고 말씀드리십시오. 그러면 아마도 그때 갑자기 자연스러운 기도가 터져 나올지 모릅니다. 자신의 슬픔과 비참과 자신을 혐오하는 마음까지 모두 하느님께 표현할 수 있고, 그분의 뜻에 자신의 뜻을 일치시킬 강한 의지를 갖게 될 것입니다.

또 다른 기도 방법은 기도문이 우리 삶을 가득 채우도록 다소간 계속적으로 기도문을 입으로 외는 것입니다. 이런 기도는 하루를 받쳐 주는 지팡이 역할을 해 줍니다.

예를 들어 정교회에서 많이 활용하는 '예수 기도'가 있습니다. 이는 예수님의 이름에 중점을 둔 기도로 "주

예수 그리스도님, 저에게 자비를 베푸소서."라고 하는 것인데, 수도자들뿐만 아니라 평신도들도 많이 합니다.

이건 침묵의 기도로, 한 생각에서 다른 생각으로 발전하는 추리적인 것이 아니기 때문에 우리를 하느님과 만나게 해 주고, 그분에 대한 신앙을 고백하고, 우리의 상태를 말해 주기도 하는 기도입니다. 정교회에 속한 신비가들은 이 기도가 복음 전체를 집약하는 것이라고 봅니다. 예수님께서 그리스도이심을 고백함으로써 그분께서 주님이심과 우리 일생이 그분의 뜻 안에 있음과 그 뜻에 우리를 온전히 바친다는 내용이 포함되어 있습니다.

예수님의 이름 안에서 우리는 그리스도께서 사람이 되심과 그 안에 포함된 모든 것, 곧 구약과 신약의 성취와 주님의 축성된 이로 오신 하느님의 말씀에 대한 신앙을 고백합니다. 또한 예수님께서 하느님의 아들이심을 선포함으로써 삼위일체의 신앙으로 우리를 이끌어서, 성령께서 보고 이해하고 헌신하라고 가르쳐 주신

대로, 갈릴래아의 한 예언자가 곧 사람이 되신 하느님의 아들이심을 고백하는 것입니다. 끝으로 "저에게 자비를 베푸소서."라고 함으로써 하느님 앞에 서 있는 우리의 모습을 진실하게 고백하고 있습니다.

우리가 하는 기도의 말마디를 이렇게 하나하나 설명하는 이유는 현대어는 모두 전문화되어서 고대 언어에 비하여 그 뜻이 훨씬 좁아졌기 때문입니다. 많은 경우에 우리는 상당히 풍요로운 기도문을 외우면서도 말의 깊이를 이해하지 못하고 평상시에 쓰는 식으로만 넘겨 버리기 일쑤입니다. 그러나 이미 아는 다른 것들과 연결시키기만 한다면 우리 마음 안에서 큰 메아리들이 울려 퍼질 것입니다.

예를 한 가지 들겠습니다. 동음이의同音異義를 이용한 것인데, 그리스어를 모국어로 사용했던 영성 작가들이 몇 세기 동안 말해 온 것이기에 소개하겠습니다. "키리에 엘레이손Kyrie eleison"이라고 말하거나 "주님, 저에게 자비를 베푸소서."라고 할 때 이것이 하느님의 자비와 동정을 호소하는 것임은 다 알고 있습니다. 그런데 그리스 교부들은 "엘레이손eleison"이라는 말이 올리브나무에서 유래한다고 합니다. 언어학자들은 반대할지 모르지만 그런 토론은 학자들에게 맡기고, 이렇게 보았을 때 성경에서 배울 것을 알아봅시다.

우리가 "키리에 엘레이손"이라는 말을 자비를 청한다고만 이해한다면 막연한 듯 들릴 것이고, 이 한마디에 우리의 인생을 모두 걸 수 없다고 생각할 것입니다. 그러나 구약과 신약에서 나오는 올리브나무를 생각해 본다면 다음과 같은 깊이 있는 의미를 볼 것입니다.

올리브를 최초로 언급한 부분은 홍수가 끝나 갈 때입니다. 비둘기가 노아에게 올리브 잎을 가져왔지요. 이 올리브 잎은 하느님의 재앙이 끝났고, 용서가 주어졌으며, 새로운 가능성이 우리 앞에 열려 있음을 뜻합니다. 그러나 만일 우리 마음이 상처를 입고 의지가 약해져 올바른 길을 식별하고 따라갈 능력이 없다면 새로운 가능성이 있는 것만으로는 부족합니다. 치료를 받아야 합니다. 강도한테 상처 입은 사람에게 착한 사마리아 사람이 쏟아부었던 올리브기름이 필요합니다. 하느님의 치유 능력이 우리를 낫게 하고, 용서와 함께 영원에 이르기까지 모든 시간에 필요한 도움을 주기 때문입니다.

또한 대사제들과 임금들을 축복한 올리브기름도 생각해 볼 수 있습니다. 이들은 이스라엘 백성 중에서 하느님 나라와 인간 세계의 문지방에 서서 하느님의 뜻과 이 세상의 모든 복잡성 사이의 일치와 조화를 가져오도록 불린 사람들이었습니다. 그 중간에 서 있으려면 인간적 능력 이상의 그 무엇, 곧 은총이 필요합니다. 그리하여 대사제들과 임금들을 축복할 때 특별한 은총을 주는 예식이 있었습니다.

그러나 신약에서는 우리 모두가 사제직, 예언직, 왕직이라는 소명을 받았으며 그리스도인으로서 가지는 이런 소명은 인간의 능력을 초월하고 있습니다. 그리스도 신비체의 살아 있는 지체들로서, 성령의 거룩한 궁전으로서, 하느님의 본성을 나누어 갖는 자들이 되도록 불린 것입니다.

이 모든 것은 인간적 능력을 초월하는 것이지만, 그래도 우리는 사람이 되신 하느님 아들의 모습 안에서 참된 인간, 온전한 인간을 봅니다. 그래서 우리에게는 하느님의 은총과 도움이 필요한 것입니다.

이와 같이 단순한 마음을 가지고 생각해 나가면 기도에 나오는 다른 말들도 가능한 단순하게 직접적으로 이해해 가며 성경과 성경 주해서만을 가지고도 그 의미를 충분히 알 수 있습니다.

그다음에는 말에 좀 더 주의를 기울여서 기도할 때 하는 말이 빈 것이거나 껍데기에 불과하지 않도록 할 수 있을 것입니다. 그래서 "주님, 저에게 자비를 베푸소서."라고 말하기 전에 우리 상태를 살펴보고 우리가 얼마나 멀리 떨어져 있는지, 또 치료받기는 했어도 위대한 소명 앞에 떨고 있지는 않은지 알아봐야겠습니다.

따라서 기도할 때 하는 말은 감정의 일부가 되어야 하고 내 모든 삶과 열정이 그 안에 집중되어야 합니다.

우리가 기도할 때 한 말을 삶에서 실천하지 않는다면 줄이 짧아서 당길 수 없는 활처럼 될 것입니다. 자신이 준비되지 않은 것을 자꾸 하느님께 청하는 것은 쓸데없는 일입니다. 그것은 유혹에 빠질 모든 가능한 방법을 다 찾으면서 "이런저런 유혹에서 저를 자유롭게 해 주십시오." 하고 청하며 하느님께서 조절해 주시기를 바라는 것과 같습니다.

힘은 하느님께서 주시지만, 그걸 쓰는 것은 우리입니다. 기도하면서 하느님께 어떤 일을 할 수 있도록 힘을 달라고 청하는 이유는 우리가 그 일을 하기에 너무나 약하니까 대신 해 달라고 하는 것이 아닙니다.

성인들의 생애는 이런 면에서 우리에게 많은 것을 깨우쳐 줍니다. 필립보 네리 성인에게 이런 일이 있었습니다. 그는 화를 잘 내는 편이어서 곧잘 말다툼을 하고 분노를 터뜨려 형제들의 미움을 샀습니다. 어느 날 그는 이대로 지낼 수 없다고 느꼈습니다. 그가 덕이 있어서 그랬는지 형제들에게 더 이상 미움받고 싶지 않아서 그랬는지는 그의 전기에 쓰여 있지 않습니다.

그는 성당으로 달려가서 예수상 앞에 엎드려 화를 내지 않게 해 달라고 기도했습니다. 그런 다음 희망에 부풀어 걸어 나왔습니다. 나오는 길에 처음으로 만난 사람은 한 번도 화나게 한 적 없던 형제였습니다. 하지만 그날따라 어찌나 미워 보이던지 필립보는 화를 터뜨리고 말았습니다. 그리고 늘 필립보가 화를 낸 상대와 화해하도록 도와주던 다른 형제를 만나러 갔는데 그에게도 역시 거친 말을 하고 말았습니다.

필립보는 성당으로 되돌아가서 예수상 앞에 다시 엎드려 말했습니다.

"오 주님, 화가 나지 않도록 해 달라고 청하지 않았습니까?"

그러자 주님께서는 이렇게 말씀하셨습니다.

"그렇다, 필립보야. 그래서 나는 너에게 배울 기회를 더 많이 주고 있단다."

하느님께서 우리에게도 이와 같이 하심을 깨닫는 것

이 매우 유익하리라고 믿습니다. 지금은 예수님께서 우리를 대신해 매일 십자가에 달리실 때가 아니라, 우리가 자신의 십자가를 질 때입니다. 우리는 각자의 십자가를 져야 하고, 기도를 하며 무엇을 청할 때에는 온 힘과 지성과 열성을 다해서 그것을 하겠다는 뜻을 품어야 합니다. 또 그분께서 주시는 모든 힘을 가지고 하겠다는 뜻도 품어야 합니다.

이런 노력을 하지 않으면 우리는 기도하느라고 괜히 시간만 소비하는 것입니다. 따라서 우리가 기도할 때 하는 바로 그 말이 우리에게 돌아와서 마음을 채우고 조화를 이루어야 합니다. 그러기 위해서는 굳센 믿음으로 이 말을 받아들이고 실천에 옮겨야 합니다.

기도와 행동은 하느님과 우리의 깊은 관계를 표현하는 두 가지 방법입니다. 하느님께 어떤 걸 말씀드려서 그분께서 그렇게 하도록 기회를 주셔도 노력할 생각은 안 하고 대신 해 주실 때까지 기다리기만 하면 무슨 소용이 있겠습니까? 아무 뜻도 없고, 생기도 힘도 없는 말만 반복한다면 무슨 소용이 있겠습니까?

그러니 기도할 때 올바른 말을 선택하고, 그 말에 주의를 집중해 온 마음을 쏟고 난 후 이 말들이 마음의 가장 깊은 데까지 뚫고 들어가서 우리 인식 속에 생생하게 살아 있도록 하십시오. 기도할 때 하는 말은 언제나 헌신의 말이기도 합니다. 기도를 할 때마다 "이 말을 하는 건 기회가 올 때 그렇게 하려는 것입니다." 하는 뜻을 내포하는 것입니다. '어떤 희생이나 대가를 치르더라도' 하겠다고 말하는 것은 우리의 모든 의지를 다해서 노력하겠다는 다짐입니다. 어느 날인가 하느님께서 그걸 요구하실 때가 있을 것입니다.

어느 옛사람이 "당신의 피를 하느님께 드리십시오. 그러면 성령을 주실 것입니다."라고 한 적이 있습니다. 피는 대가를 뜻합니다. 모든 속박된 것을 버리면 자유를 얻을 것이고, 모든 걸 버리면 하늘나라를 받을 것입니다. 우리 의지는 이미 기도하는 데만 전념하는 게 아니라, 기도의 결과에도 책임을 지고 있고, 우리 육체 역시 그렇게 해야 합니다. 인간이란 몸 안에 잠시 머무르는 영혼이 아니라, 육체와 영혼이 결합된 특별한 존재이기 때문입니다.

기도할 때는 육체적으로도 집중해야 합니다. 기도하는 자세도 중요합니다. 때에 따라서 식탐 때문에 기도하기 어려울 정도라면 단식도 필요합니다. 이런 것을 실천하게 되면 우리는 문을 두드리는 것입니다.

자, 이제 우리가 이 모든 것을 바탕으로 내면으로 들어가길 원한다면 모험을 해야 합니다. 물론 기도할 때만 그러한 모험을 해야 하는 건 아닙니다. 기도를 하지 않아도 자신 안으로 깊이 들어가서 무언가 가져오길 원한다면 모험을 해야 합니다. 이 모험은 자신 안으로 들어가는 것이기에 매우 힘듭니다. 처음에는 쉬워 보일 것입니다. 깊이 들어가는 일이 즐거울 것이라고 생각하지요. 그러나 이 일은 그렇게 간단하지 않습니다. 어느 정도 깊이에 들어가기까지는 자신 안으로 들어가는 길을 찾는 게 쉽지 않습니다. 마치 최후의 만찬 때 사용된

성배를 찾아 떠나는 아서왕과 원탁의 기사들이 겪는 일과 비슷한 일을 겪게 됩니다. 가는 도중에 온갖 종류의 괴물을 만나야 하니 말입니다. 그런데 이 괴물은 이웃 사람이 아니라 바로 자신입니다. 그렇기에 더욱 불쾌하고 어렵습니다.

일반적으로 탐욕, 두려움, 호기심 때문에 우리는 내면 깊은 곳까지 들어가지 못한 채 살아갑니다. 프랑스 생물학자이자 외과 의사인 알렉시 카렐은 《인간, 그 미지의 존재 Man, The Unknown》란 책에서 다음과 같이 썼습니다.

> "우리는 스스로 우리 인격이 어디에 있는지 물어보아야 합니다. 탐욕이 많은 사람은 세상의 재물에 모든 촉수를 뻗치는 것과 같고, 호기심이 많은 사람은 주위의 모든 것에 촉수를 뻗쳐서 집착하는 데다가 엿듣기 좋아하는 그의 귀는 길고 넓어서 멀리까지 나아가 있습니다."

이런 면에서 보았을 때 우리는 각자 어떤 부류에 속한 인간인지 그려 보아야 합니다. 그리고 모든 게 다 밖으로 나와 있는데, 안에 남은 것이 있기는 한지, 얼마나 있는지 살펴야겠습니다. 맨 처음 해야 할 일은 우리의 이런 촉수들을 떼어서 안으로 불러들이는 일입니다. 모든 것이 밖으로만 나와 있으면 안으로 들어갈 수 없습니다.

한번 시도해 보십시오. 유익한 걸 많이 발견할 것입니다. 혼자 있는 시간을 만들어 보십시오. 아무 일도 하지 말고 문을 닫고 조용히 방에 앉아 "이제 나하고만 있구나." 하고 그냥 앉아 계십시오. 얼마 지나지 않아 지루해지겠지요. 그러나 아주 유익한 것을 배우게 될 것입니다.

우리도 자신과 10분만 있으면 지루해지는데, 하물며 다른 사람들은 어떻겠습니까? 왜 혼자 있는 게 지루할까요? 생각할 만한 게 별로 없고 감정과 삶도 제공할 것이 거의 없기 때문입니다. 우리의 생활을 조심스럽게 살펴보면 내적인 삶은 거의 없음을 발견할 수 있습니다. 우리는 안에서 나오는 것이 아니라, 어떤 자극이나 상황에 대한 반응으로 살아온 것입니다.

어떤 일이 생기면 거기에 대응하고 누가 말하면 대답합니다. 그러나 외부에서 자극하는 것이 없으면 우리 안에서 우리를 어느 방향으로 가게 하는 것이 거의 없음을 깨닫게 됩니다. 이건 참으로 극적인 발견입니다. 우리는 우리 안에 있는 무엇 때문에 행동하는 것이 아니라 텅 비어 있고, 외부의 자극이 있어야만 비로소 무언가를 하려고 합니다. 다른 일들이 일어나야만 움직이는 습관이 생겨서 우리 안에 있는 깊이와 풍요로움에 따라 살 줄을 모릅니다.

찰스 디킨스의 《픽윅 클럽 여행기 *The Pickwick Papers*》라는 소설에 우리 같은 상황을 묘사하는 구절이 있습니다. 픽윅이라는 주인공이 클럽에 갑니다. 마차를 타고 가면서 마부에게 많은 질문을 던집니다.

"이렇게 크고 무거운 마차를 어떻게 저런 조그맣고

말라빠진 말이 끌 수 있습니까?"

마부가 대답했습니다.

"말이 아니라, 바퀴가 끄는 것입니다."

픽윅이 다시 물었습니다.

"그게 무슨 말이오?"

마부는 다시 대답했습니다.

"보십시오. 바퀴 한 쌍에 기름칠을 잘해 놓았거든요. 그래서 말이 조금만 힘을 주기 시작하면 바퀴들이 어찌나 잘 도는지 저 불쌍한 말이 살려면 빨리 뛰어 달아나야만 하지요."

우리도 이 말처럼 살아가는 듯합니다. 우리가 삶을 이끌어 가는 것이 아니라, 마치 살기 위해 마차에서 달아나는 말처럼 산다는 말입니다.

외부의 자극 없이는 무엇을 어떻게 해야 하는지 모르기 때문에 스스로는 뭘 해야 할지 모릅니다. 그러기에 혼자 있으면 금방 지루해지지요. 그러니 혼자 앉아서 지루함과 대면하고 여러 생각을 해 보십시오.

처음에는 이런 권태를 견디기가 어려워서 '나는 활동적인 사람이고 이웃을 위해 무언가 해야 한다. 항상 일을 해 온 사람이라 이렇게 아무것도 안 하고 앉아 있는 건 견디기 어렵다.'라고 생각하겠지만 얼마 후에는 다른 무엇을 느낄 것입니다. 이런 권태에서 벗어나려고 자신의 안을 들여다보았더니 그 안에 아무것도 없고, 생각도 벌써 열 번도 더 반복한 것 외에는 아무것도 없음을 발견할 것입니다. 우리의 감정은 아무도 치지 않아서 굳게 닫힌 피아노처럼 아무 반응도 없습니다. 누군가 와야 이 건반을 누를 수 있습니다. 아무것도 안 하는 것이 익숙하지 않아 이렇게 앉아 있는 것이 걱정되고 불안하기까지 합니다.

사막에서 은수 생활을 한 수도자들의 전기를 보면 때때로 그들도 뛰쳐나와 누군가를 만나서 도움을 청하고 싶은 때가 있음을 알 수 있습니다. 아마 마귀 자체보다 더 무서운 것이 자신을 명상하는 허무일 것입니다.

은수자 테오파네스는 "대부분은 가운데가 비고 그 주

위를 뱅뱅 도는 나이테와 같습니다."라고 했습니다. 우리가 진정으로 솔직해진다면 이것이 우리 상태를 현실적으로 묘사한다고 인정해야 합니다.

그다음에 우리는 이 불안을 버티어 나갈 수 있어야 합니다. "나는 버티겠다. 이 고뇌가 나에게 무언가를 하게끔 이끌어 줄 것이다." 하고 말하겠지요. 그러다 보면 깊은 절망과 고뇌와 두려움의 순간이 찾아와 마음 깊이 부르짖게 됩니다.

"주님, 저에게 자비를 베푸소서. 제가 죽겠나이다. 구해 주소서!"

그렇지만 우리 안에는 생명을 줄 그 무엇도 없다는 걸 발견하고 안에도 밖에도 삶이라 할 것이 없음을 알게 됩니다.

이때 우리는 허공의 절벽을 들여다봅니다. 그 속으로 깊이 들어갈수록 우리에게 남는 것이 없다고 느낍니다.

이때야말로 위험한 순간이고, 이때야말로 우리가 주저하게 되는 순간입니다.

이 순간 우리는 문을 두드릴 단계에 이른 것입니다. 처음 이웃을 떠나 혼자 쉬고 있을 때는 지루하게 여겼고, 다음에는 걱정하고 점점 불안을 느꼈지만, 아직은 절망에 차서 하느님께서 안 오시면 나는 완전히 망해 버린다는 느낌이 내 마음과 정신을 모두 채우지는 않습니다. 이런 침묵 속에서 나오면 다시 옛날로 돌아갈 수 있음을 알기 때문입니다.

그러나 이제는 옛날로 돌아가지 않고 닫혀 있는 문을 두드릴 때가 왔습니다. 예수님께서 예리코 성문을 지나가실 때에 구원을 요청했던 그 눈먼 이처럼 말입니다.

복음서를 읽어 보면 그 사람은 두 눈이 다 멀고 인간적 도움을 받으리라는 희망도 믿음도 모두 잃어버린 채 길거리에서 구걸을 하고 있습니다. 지나가는 사람들이 동전을 던져 주는 그런 정도의 애덕을 바랄 뿐이었지요. 그런데 모든 희망을 버린 이 사람도 새 예언자가 나타나서 기적을 행하신다는 말을 들었습니다.

그가 눈이 멀지만 않았더라면 아마 일어나서 찾아갔겠지요. 앞을 볼 수 없었기에 할 수 없이 그곳에 앉아 기다릴 수밖에 없었습니다. 아마도 누군가가 자기를 고칠 수도 있다는 가능성이 그를 더욱 힘들게 하고 절망스럽게 했을 것입니다.

어느 날 군중이 지나갈 때, 보통 사람보다 소리에 예민한 눈먼 이는 그 군중이 보통 사람과 다르다는 걸 느낀 모양입니다. 그래서 물었습니다.

"누가 지나갑니까?"

"나자렛 사람 예수다."

그때 그는 극도의 절망과 극도의 희망 사이에 서 있었습니다. 그리스도께서 바로 자기 곁을 지나가고 계셨기에 극도의 희망에 부풀었지만, 또 한편으로는 지나가 버리면 영영 다시 뵐 수 없으리라는 극도의 절망도 느끼고 있었습니다. 그래서 그는 외쳤습니다.

"다윗의 자손 예수님, 저에게 자비를 베풀어 주십시오."(마르 10,47)

이것은 완전한 신앙 고백이었습니다. 그의 절망이 그리 깊었기에 감히 치료받고 구원되어 온전하게 되고 싶다는 희망을 가질 수 있었던 것입니다. 그리고 그리스도께서는 그의 목소리를 들으셨습니다.

이런 절망은 온전한 희망과 연결되어 있습니다. 이때야말로 내면으로 들어가서 기도할 수 있는 때입니다. "주님, 저에게 자비를 베푸소서." 한마디면 족합니다. 여러 가지 기도문을 나열할 필요도 없습니다. 절망에 빠져 있을 때 "도와주세요." 하고 외치면 그 외침이 들릴 것입니다.

보통 우리는 절망을 깊이 경험하지 않아서 기도가 뜨겁지도 않고 확고한 믿음도 없습니다. 우리가 가지고 있는 많은 것을 그대로 둔 채, 추가로 하느님도 원합니다. 그분의 도움을 청하기는 하지만 동시에 다른 데서

도움을 얻으려 애쓰고 하느님은 맨 마지막으로 밀어 놓습니다. 자신에게 도움을 줄 힘 있고 부유한 자들에게 기대어 "하느님, 그들이 이걸 제게 해 줄 수 있도록 힘을 주소서." 하고 청합니다. 그들을 떠나기를 주저하고 "다른 이의 도움을 청하지 않고 오직 당신의 도움을 원합니다."라고 말하지도 않습니다. 그러나 우리의 절망이 참으로 깊은 곳에서 우러나온 것이고, 우리의 외침이 삶 전체의 필요를 내포할 정도로 간절하다면 그때 우리는 기도할 수 있고 하느님과 만나는 기도의 핵심에 이를 수 있습니다.

다시 예리코의 눈먼 이에게로 되돌아갑시다. 그가 외쳤을 때 주위 사람들이 무엇이라 말했습니까? 그들은 조용히 하라고 했습니다. 성한 눈과 튼튼한 다리를 가진 건강한 그들은 그리스도를 둘러싸고 성경의 신비와 다가올 하느님의 나라를 이야기했겠지요. 눈먼 이에게는 "조용히 하라니까. 지금 당신 눈이 문제가 아니야."라고 했을 것입니다.

눈먼 이의 외침은 장엄한 예식이 진행되는데 어떤 급한 청을 하느님께 드리느라 그 예식을 방해하는 것과 같았겠지요. 그는 밖으로 내쫓기고 침묵을 강요당했을 것입니다. 그러나 성경은 사람들이 조용히 하라고 했으나 그는 계속 외쳤다고 했습니다. 그에게는 너무나 중대한 문제였기 때문입니다. 조용히 하라고 하면 할수록 그는 더욱 크게 외쳤을 것입니다. 이것이 바로 제가 말하고 싶은 것입니다.

막시모스 성인이 청년이었을 때였습니다. 어느 날 성당에 가서 끊임없이 기도하라는 성경 말씀을 들었습니다. 이 말이 어찌나 그에게 큰 인상을 남겼는지 그대로 실행하리라 마음먹었습니다. 성당에서 나와 옆에 있는 산으로 들어가서 끊임없이 기도했습니다.

그는 주님의 기도와 다른 기도 몇 개를 알고 있었고 하느님과 함께 있음을 느꼈기에 모든 게 완전해 보였습니다. 그러나 해가 지더니 점점 더 어두워지고 추워지면서 소름 끼치는 소리가 들려오기 시작했습니다. 야생 짐승들의 발에 밟히는 나뭇잎 소리와 큰 짐승들에게 먹히는 작은 짐승들의 비명 소리가 들려왔습니다.

죽음의 위험이 다가오는 그때, 그는 혼자였습니다. 자신은 너무나 작은 존재였으며, 그 어떤 보호도 받을 수 없음을 절감했습니다. 그래서 주님의 기도나 신경을 계속 외는 대신 예리코의 눈먼 이처럼 외치기 시작했습니다.

"주 예수 그리스도님, 저에게 자비를 베푸소서."

밤새도록 짐승들의 소음 때문에 잘 수도 없었기에 계속 이렇게 외쳤습니다.

다음 날 아침이 되자 짐승들은 자러 가고 조용해졌습니다. 그는 '이제 기도할 수 있겠다.' 하고 생각했습니다. 그때 배가 고파 딸기를 좀 주워 오려고 숲속으로 들어갔습니다. 그런데 생각해 보니 사나운 짐승들이 어딘가 숨어 있을 듯했습니다. 살금살금 걸어가면서 발을

뗄 때마다 "주 예수 그리스도님, 저에게 자비를 베푸소서. 저를 도우소서. 저를 보호하소서."라고 말했고 딸기를 따면서도 계속 이렇게 기도했습니다.

시간이 흘러서 몇 년이 지난 후에 그는 나이 많은 어느 수도자를 만났습니다. 그 수도자가 어떻게 끊임없이 기도하는 법을 배웠는지 물었을 때 막시모스는 "마귀들이 가르쳐 준 것 같습니다."라고 말했습니다. 그 노인은 "무슨 말인지 알 듯하지만 좀 더 제대로 이해하고 싶소." 하고 말했습니다.

막시모스는 이야기를 시작했습니다. 낮과 밤의 소음과 위험에 점차 익숙해진 상황, 그다음에는 육신과 마음과 감정의 유혹을 받은 것과 마귀의 극심한 공격을 받은 것까지 말입니다. 끊임없이 하느님께 "저에게 자비를 베푸소서. 도와주소서. 도와주소서." 하고 외칠 수밖에 없었다고 했지요. 14년이 지난 어느 날 주님께서 그에게 나타나셨고 그때부터 고요하고 평온한 상태가 되었다고 했습니다. 어둠이나 숲이나 마귀를 두려워하는 마음까지 없어졌고, 주님께서 완전히 모든 걸 통제하시게 되었다고 말입니다. 그러고 나서 막시모스는 이렇게 말했습니다.

"그때는 이미 주님께서 직접 오시지 않는다면 완전히 절망에 빠진다는 걸 배웠습니다. 그래서 평온과 행복을 느낀 다음에도 계속 '주 예수 그리스도님, 저에게 자비를 베푸소서.' 하고 기도했습니다."

막시모스는 육신의 안정과 마음의 평화, 의지의 올바름은 모두 하느님의 자비 안에서만 가능하다는 걸 알았습니다.

그는 위험에도 불구하고 기도하기를 배운 것이 아니라, 바로 그 긴박한 위험 때문에 기도를 배웠습니다. 우리도 마찬가지입니다. 이처럼 유혹을 받고 흔들리며 살아가는 존재임을 깨닫는다면, 만나는 모든 사람과 사건 안에서 그리스도를 받아들일 수도 있고 배척할 수도 있는 상황에 놓여 있음을 깨닫는다면, 우리도 계속 외치고 끊임없이 기도할 수 있을 것입니다. 위험과 유혹은 기도에 방해되는 요소가 아닙니다. 아직 경험이 없어서 어떤 자극이 없다면 깊이 있는 기도를 할 수 없을 때 기도를 가르쳐 줄 요소가 됩니다.

기도가 무엇인지 전혀 모른다면, 기도를 해 보지 않았거나, 자주 하지 않는다면 우리가 살아가는 삶에서 어떻게 기도하는 방법을 배울 수 있겠습니까?

저 역시 여러 가지 일을 경험하며 사는 동안 깨달았습니다. 의사로 일하면서, 5년 동안 지속된 전쟁을 겪으면서, 사제로 살아가면서 계속 기도했습니다. 마음이 단순하기만 하면 할 수 있습니다. 아침에 일어나서 가장 먼저 오늘 하루를 주신 하느님께 감사하십시오. 특별히 즐겁게 느껴지지 않을지라도 감사하십시오.

"이날은 주님께서 만드신 날
우리 기뻐하며 즐거워하세."(시편 118,24)

이렇게 말한 다음에는 이 말을 잠깐 생각해 보고 그

말이 뜻하는 바에 깊은 확신을 가지십시오. 그다음에 다시 하느님께로 오십시오. 하느님께로 올 때, 나는 하느님의 것이고, 이날도 하느님의 것이며, 이날은 전에 없던 새로운 날이라는 확신을 가지십시오.

오늘은 내게 주어진 새로운 날이며 더럽혀지지 않은 눈처럼 아직 아무도 걸어간 흔적이 없습니다. 그다음은 하느님께 오늘을 축복해 달라고 청하고 모든 일이 그분이 원하시는 대로 되기를 기도하십시오. 기도를 진심으로 받아들여야 합니다. 돌아온 탕자처럼 축복받고 재물을 받은 채 딴 짓을 하며 이상한 나라로 들어가면 안 됩니다.

하루가 하느님께 축복받았고 그분의 것이 되었으니 하느님의 사자처럼 걸어 나갑시다. 누구를 만나든지 하느님께서 만나시는 듯 만납시다. 이날 나는 하느님의 현존을 나타내기 위해 있는 것입니다.

하느님께서는 그분의 이름으로 나아갈 때 우리가 늘 부활의 희열만을 맛보리라고 말씀하지는 않으셨습니다. 하느님의 이름으로 나아갈 때 성자께서 그러하셨듯 모든 상황을 받아들이고 모욕과 박해를 받을 준비가 되어 있어야 합니다.

보통 하느님의 계명을 지킬 때 우리는 그 결과를 금방 보고 싶어 합니다. 예를 들면, 누가 오른뺨을 치면 우리는 다른 쪽 뺨을 내놓기는 하지만 속으로는 상대방이 내 뺨을 치지 않고 "이 사람 무척 겸손하군!" 하고 말해 주기를 기대합니다. 즉, 우리는 상을 받고 그 사람은 구원을 받기를 바라는 것이지요.

하지만 그렇게 되지 않습니다. 우리는 대가를 치러야 하고 때로는 무섭게 뺨을 맞을 준비가 되어 있어야 합니다. 그리고 오늘을 하느님의 축복받은 날로 받아들였으면 좋든 싫든 매 순간이, 그날 만나는 모든 이들이 하느님의 선물임을 받아들여야 합니다. 이런 마음을 가지면 어떤 상황도 직면할 수 있습니다. 어떤 일이 일어나든, 우리가 좋아하든 싫어하든 받아들일 준비가 되어 있으면 기도와 삶은 서로 달라 보이지만 모두 하느님의 축복 안에서 이루어져서 하나가 됩니다.

몇 년 전에 저는 떼제 공동체에서 이 내용을 말한 적이 있습니다. 그 후 30여 명의 청소년들과 계속해서 연락을 주고받는데, 그중 어떤 아이가 저에게 이런 편지를 보내왔습니다.

"신부님의 말씀대로 해 보았습니다. 온 힘을 다해서 기도하고 행동했습니다. 매 순간, 계속 그렇게 했지요. 그런데 저는 하느님의 말씀을 들을 수 없고 더 이상 기도를 바치기도 힘이 듭니다."

그래서 저는 이렇게 답장을 썼습니다.

"소화 불량에 걸리셨군요. 기도할 때도 상식에 따라야 합니다. 평소에 전혀 기도하지 않다가 갑자기 18시간이 넘도록 하느님과 대화를 계속할 수는 없습니다. 한두 번 따로 시간을 내서 온 힘을 다해 기도하십시오. 그런 다음에는 '당신과 함께 있을 힘이 없습니다.' 하고 하느님께 말씀드리십시오. 그래도 괜찮습니다. 그분께서는 이해해 주실 것입니다. 당신은 아직 언제나 하느님과 함께할 수 없으니까요. 그러니 '저는 좀 쉬어야겠습니다. 그동안은 덜 거룩한 채로 있어야겠군요.' 하고 말씀드리십시오."

이런 식으로 쉬면서 하느님께서 만드신 물건들, 나무와 건물 등을 쳐다보고, 잠시 시간을 보낸 후 그분께로 돌아가십시오. 처음부터 쉬지 않고 기도하려고 하면 금방 실패하게 됩니다. 그러나 적당한 시간을 할애해 현명하게 기도할 수 있습니다.

지금까지 설명한 대로 하면 기도를 할 수 있을 것입니다. 시도해 보십시오. 하지만 동시에 영성 작가들이 '영적 탐욕'이라고 부르는 죄도 있음을 잊지 맙시다. 영적 탐욕이란 감당할 수 없으면서 한꺼번에 하느님께 자꾸 원하는 것입니다. 우리는 자신에게 어느 정도가 충분한지 알아야 합니다.

제4장

시간 활용하기

Experiencing Prayer

✢

　　　바쁜 세상에서 사는 현대인들에게는 시간을 어떻게 활용하는지가 매우 중요합니다. 저는 여러분에게 원하기만 하면 기도할 시간은 충분히 있다고 설득하고 싶지 않습니다. 오히려 긴장하면서 분주하게 보내는 하루하루 어떻게 시간을 활용하면 좋을지 말하려 합니다. 시간을 일부러 내지 않고 조금 덜 낭비해 좀 더 효율적으로 쓸 수 있는 방법 말입니다.

　낭비하는 시간만이라도 기도하는 데 쓴다면 그런 시간도 상당히 많음을 알게 될 것입니다. 하루 종일 혼자 있으면, 그때 느끼는 공허함이 두려워서 무슨 일이든 하는 경우가 있습니다. 그런 시간을 하느님과 함께한다면 상당히 많은 시간을 보낼 수 있습니다.

그러나 객관적으로 얼마나 많은 시간을 기도하는 데 보내는지는 중요하지 않습니다. 우리가 다른 일을 하는 사이에 멈추어 하느님께로 향하는 법을 배우는 것이 중요합니다. 마음이 안정되어 있고 하느님을 만날 의지만 지니고 있다면 이런 시간을 낼 수 있는 자유를 갖게 될 것입니다.

우선 모두가 아는 것에 주의를 집중시켜 봅시다. 시간을 잡으려고 뛰어다닐 필요는 없습니다. 시간은 달아나는 것이 아니라, 우리에게 오고 있습니다. 다음 순간이 우리를 향해 오는 것을 의식하든 못 하든 그 순간은 옵니다. 우리가 어떻게 하든지 미래는 현재가 될 것이므로 현재에서 미래로 뛰어가려고 할 필요는 없습니다. 움직이는 것은 시간이므로 그저 기다리기만 하면 됩니다. 그렇기에 우리는 안정된 상태에 머무르면서도 앞으로 움직일 수 있는 것입니다.

자동차나 기차를 타고 갈 때도 운전하지 않는다면 독서를 할 수도 있고 의자에 기대앉아서 창밖을 보거나 편안히 쉴 수도 있습니다. 그동안 기차는 계속 움직이기에 때가 되면 원하는 곳에 도달합니다. 이것은 정말 중요합니다. 우리가 영적 생활에서 자주 실수를 범하는 이유는 이 사실을 생각하지 않기 때문입니다. 우리는 서두르면 좀 더 빨리 나아가리라고 착각하는 경우가 많습니다. 그러나 이는 서울에서 목포행 기차를 탄 사람이 출발해서 도착할 때까지 기차 안에서 뛰면 도착 시간을 앞당길 수 있다고 바라는 것과 마찬가지입니다.

이 말을 들으면 웃을 사람도 인생에서 얼마쯤 빨리 가려는 것을 모순이라고 생각하지 않을 것입니다. 이런 사고방식 때문에 우리는 한순간도 온전히 살 줄 모릅니다. 사실 우리가 있을 수 있는 순간은 지금 이 시간뿐이고 아무리 서두른다 해도 더 빨리 갈 수는 없습니다. 가끔 무거운 가방을 양손에 들고 기차를 놓치지 않으려고 달려가는 사람을 봅니다. 그는 최대한 빨리 뛰려고 하지만, 무거운 가방 때문에 마음만 급합니다.

휴일에 산책할 때는 어떻습니까? 활발하고 유쾌하게 걸어가고, 젊고 건강할 때에는 뛰기까지 하지만 서두를 마음은 없습니다. 목적은 뛰는 것이지 어딘가에 도달하는 것은 아니기 때문입니다.

기도도 이와 같아야 합니다. 기도는 현재에 자신을 놓는 것입니다. 보통 우리는 현재를 과거와 미래 사이에 낀 보잘것없는 것으로 여기며, 과거에서 미래로만 갑니다. 이렇게 되면 구슬을 돌리듯 계속 돌기만 해서 과거와 미래만 있기 때문에 현재는 없어지고 맙니다.

모든 사람이 이를 깨달을 결정적인 경험을 하지는 않습니다. 그러나 저는 경험한 바가 있기에 제 이야기를 조금 해 보겠습니다.

독일이 프랑스를 점령하던 시기에 저는 저항 운동을 했습니다. 그러던 어느 날 지하도로 내려가다가 경찰에게 붙잡혔습니다. 이때 겪은 일은 제 인생에서 가장 흥미진진하지만, 다른 이야기는 하지 않고 시간에 관련된 것만 말하겠습니다.

그때 저는 과거와 미래를 가지고 있었고 계단을 내려가면서 과거에서 미래로 움직이고 있었습니다. 그러나 바로 그 순간 누군가가 제 어깨에 손을 얹으면서 "신분증을 보여 주십시오." 하고 말했습니다. 이 순간에 여러 가지 일이 동시에 일어났습니다. 긴장감이 높아지면서 모든 상황이 재빨리 파악되었습니다. 제겐 사실 과거가 없었음을 깨달은 것입니다. 저는 이미 총살되었어야 할 사람이었기 때문입니다. 제가 말해야 할 거짓 과거는 존재하지 않았기에 제 상황이 마치 꼬리를 잡히자 그 꼬리를 놓아두고 도망간 도마뱀이 그 꼬리가 있는 곳에서는 이미 존재하지 않는 것과 같다고 느껴졌습니다.

또 그 당시에는 논리적으로 생각할 수 없었지만, 그때 직관적으로 제게는 미래도 없다는 것을 느꼈습니다. 미래는 그 앞을 내다볼 수 있을 만큼만 있는 것이고, 어둠 속에서 전에 와 본 적 없는 방에 서 있는 사람처럼 그 다음 순간 무엇이 일어날지 전혀 모르면 미래는 없는 것입니다. 앞에 아무것도 없거나, 영원히 있거나 제게는 마찬가지입니다. 어둠이 시작한 곳에서 끝나는 것입니다. 그래서 저는 미래도 가지고 있지 않았습니다. 그때 과거에 살면서 미래에 사는 것은 불가능함을 발견했지요. 결국 저는 현재라는 이 순간에만 있을 뿐이고, 지금이라는 순간은 굉장한 힘을 가지고 그 모든 빛으로 찬란히 빛난다는 것을 알게 된 것입니다.

다시 말해서 시간이라는 것은 현재에만 느낄 수 있는 순간이고, 과거는 이미 지나가 버렸으며, 미래는 아직 올지 안 올지 모르는 것입니다. 어떤 사고나 위험을 느껴서 바쁘게 행동해야 할 때 이러한 것을 절감하게 됩니다. 과거에서 미래로 건너뛸 시간의 여유가 없기 때문에 모든 힘을 다해서 '지금'이라는 현재에 우리의 온 존재를 집약시켜야 합니다. 이때 우리는 '지금' 안에 있음을 발견하게 됩니다.

시간이라는 비행기가 우리를 '지금'이라는 곳에 데려왔습니다. 이런 자신의 상태를 좀 더 평화로운 방법으로 받아들이는 법을 배워야 합니다. 우리는 시간을 멈추고 현재에 머무르는 방법을 배워야 하고, 이 '지금' 안에 살아 있으며, 이 '지금'이 영원과 시간을 가르는 지점임을 배워야 합니다.

그럼 무엇을 해야 할까요? 첫째로 할 일이 없을 때, 아무것도 하지 않는 연습을 해 보십시오. 가만히 앉아서 "자! 아무것도 하지 말자. 5분 동안만 가만히 있자." 하고 말하면서 마음을 편히 가지십시오. 그러고 나서 그동안 계속 '나는 여기 하느님의 현존 안에, 나 자신과 내 주위에 있는 모든 가구들의 현존 안에 있다. 자! 가만히, 움직이지 말고 있자.' 하고 생각하십시오. 아마 처음에는 1분이나 2분 정도만 견딜 수 있을 것입니다.

그리고 이 연습을 하는 동안은 현재가 존재한다는 것을 배우는 시간이니까 전화가 오거나 초인종이 울리거나 문을 두드리는 소리를 들어도 나가지 않도록 해야 합니다. 지난 10년 동안 하지 않았던 일인데 갑자기 하고 싶은 마음이 생기더라도 움직이지 말고 앉아 있어야 합니다. 마음을 안정시키고 "제가 여기 있나이다." 하고 말했으니 그대로 있으십시오. 예전이었다면 잃어버렸을 시간에 이 연습을 하면서 불안해하지 말고 평온한 상태를 유지하십시오. 그리고 이런 시간을 점점 더 늘려 가십시오.

이 연습을 할 때 한 가지 문제가 있습니다. 2분 정도라면 전화가 울리거나 누가 초인종을 눌러도 가만히 있을 수 있겠지요. 그러나 15분 정도라면 가만히 있기 어려울지 모릅니다. 이럴 때는 집에 없는 듯 대꾸를 하지 말든지 혹은 돌아가신 제 아버지가 하셨듯이 "집에 있긴 하지만 바쁜 일이 있으니 초인종을 누르거나 문을 두드리지 마시오." 하고 문밖에 써 놓을 수도 있습니다.

이렇게 평온을 유지하는 법을 배운 다음에는 시간이 남을 때나 할 일이 없을 때뿐만 아니라 바쁠 때에도 멈추는 방법을 배워야 합니다. 자신이 하는 기도가 유익하다고 느끼고, 기도하지 않으면 세상이 의미 없이 지나가 버린다는 점을 알게 되면 잠시라도 모든 일을 멈추게 될 것입니다. 그러다 보면 5분 동안 일을 멈추어도 손해가 없음을 알게 될 테지요. 기도가 자신의 의무라서, 혹은 애덕의 행위라서 지금 기도해야 한다고 느끼거나 아예 기도할 시간이 없다고 생각하는 것은 사실 자신을 속이는 일임을 깨닫게 될 것입니다.

보통 우리는 그저 게을러서 시간을 허비하는 때가 상당히 많지 않습니까? 그러니 먼저 "무슨 일이 있더라도 여기서 멈추어야겠다."라고 말할 수 있어야 합니다. 알람을 맞추어 놓고 울릴 때까지 움직이지 않겠다고 결심하는 것이 아마도 가장 쉬운 방법이겠지요.

또 우리는 시계를 보지 않는 연습을 해야 합니다. 종종 약속 시간에 늦을 듯하면 자주 시계를 봅니다. 그러나 시계를 보면서 가면 앞만 보고 갈 때처럼 빨리 걸을 수 없습니다. 몇 분이 늦었는지 의식하든 안 하든 늦은 것은 마찬가지입니다. 출발한 후 때가 되면 약속 장소에 도착할 것이고, 늦을 것 같으면 빨리 걷거나 뛰면 됩니다. 제시간에 도착하면 얼마나 기쁘겠습니까?

이처럼 알람이 울릴 때까지 5분 동안은 세상의 종말이 오더라도 시계를 보지 않고 그 자리에서 움직이지 않겠다는 다짐을 해야 합니다. 그 시간은 하느님의 시간이니 그 안에서 조용히, 침묵하면서 평화롭게 앉아 있으십시오. 처음엔 굉장히 어려울 것입니다. 어떤 일이든 시작했으면 끝내야 하듯 기도도 끝까지 마치는 것이 아주 중요함을 깨달아야 합니다. 그러면 곧 5분 아니 10분까지 시간을 늘릴 수 있을 것이고, 이런 기도의 습관이 몸에 배게 되면 집중해야 할 때 훨씬 빠르고 수월하게 할 수 있게 될 것입니다.

제가 의사가 되었을 때, 환자를 너무 오래 진찰하면 대기실에서 기다리는 사람들에게 불공평하다고 생각했습니다. 그래서 첫날은 빨리 진찰하려고 애썼지요. 그런데 그날 일이 끝났을 때 제가 진찰한 환자들을 한 명도 기억할 수 없었습니다. 제 앞에 있는 환자를 진찰하면서 머릿속으로는 다음 사람을 생각하고 있었기 때문입니다. 결과적으로 저는 했던 질문을 다시 해야 했고,

진찰도 두세 번 다시 해야 했습니다. 끝난 다음에도 무엇을 했는지 모를 정도였습니다.

그 후에는 저와 함께 있는 그 사람만 존재하는 듯 환자를 대하기로 결심했습니다. 서두르고 싶은 마음이 들면 그러지 않기 위해 일부러 몇 분 동안 편안히 앉아서 그 사람들과 잡담을 하기도 했습니다. 며칠이 지나자 그렇게 애쓸 필요가 없음을 알게 되었습니다. 앞에 있는 사람이나 일에 전념하면 평균적으로 걸리는 시간의 반만 가지고도 모든 걸 다 보고, 듣고, 일을 끝낼 수 있음을 깨달았기 때문입니다.

그 뒤로 저는 다양한 직업을 가진 많은 사람들에게 이런 충고를 해 주었습니다. 여러분도 움직임을 멈추는 데서부터 시작해 너무 서두르지 않으려는 훈련을 한다면 긴장과 초조함, 불안과 고민을 극복하게 될 것입니다. 또 기도를 마치면 시간이 언제 이렇게 많이 지났지, 하는 생각도 들 것입니다.

매 순간이라고 표현해도 단 1초라는 걸 생각해 본 적

있습니까? 이상하게 들릴지 모르나 사실입니다. 매 순간은 중요합니다. 그 1초가 지나가는 순간에 갑자기 큰 재앙이 일어나지도 않습니다. "이것을 다 할 시간이 있을까?"라는 생각이 들지도 모릅니다. 이런 생각이 들 때 보면 좋을 러시아 격언을 소개합니다.

> "죽지 않으면 할 시간이 있을 것이고, 죽으면 할 필요가 없다."

이와 비슷한 격언이 또 하나 있습니다.

> "죽음을 걱정하지 마라. 죽음이 찾아올 때는 당신은 이미 살아 있지 않고, 당신이 살아 있는 동안은 죽음이 오지 않은 것이다."

자연스럽게 해결될 일을 걱정할 필요가 있겠습니까? 동요하지 않는 방법을 배우고 나면 어떤 일이든 집중할 수 있고, 쫓기는 듯한 느낌을 받지 않으면서도 빠르게 해낼 수 있습니다. 마치 휴일 아침에 가지는 그런 마음의 여유를 갖기 때문입니다. 자신이 지금 하는 일에 전념할 때 언제나 기도할 수 있고 세상의 어떤 일도 기도를 방해하지는 않음을 경험할 것입니다. 기도를 하지 못하는 건 불안해하기 때문이고 그 불안이 우리를 정복했기 때문입니다.

예수님께서 배에서 주무시고 계실 때 풍랑이 거세게 치던 복음서 이야기를 떠올려 보십시오. 제자들은 살고 싶어서 열심히 일했습니다. 그러다가 용기를 잃자 밖에서 일던 풍랑이 그들 안에서도 휘몰아쳤습니다. 불안과 죽음이 그들 주위를 맴돌 뿐만 아니라 그들 안에서 힘을 발휘한 것입니다. 그들은 예수님께 시선을 돌리고 우리가 종종 하느님께 하는 대로 말씀드렸습니다.

어떤 긴장되고 비극적인 사건을 맞이하면 우리는 하느님을 바라보고, 우리와 달리 그분께서는 왜 그리도 평화로우신지 화를 내기도 합니다. 마르코 복음서에 나오는 구절, 곧 예수님께서 베개를 베고 주무시고 계셨다는 말에서는 그와 같은 어조를 느낄 수 있습니다. 제자들은 죽어 가고 있는데, 예수님께서는 너무나 평안해 보였던 것입니다.

우리도 이와 똑같이 느낄 때가 많습니다.

"내가 이런 큰 고통을 겪는데, 이분께서는 어떻게 이리 평안하고 행복하신가?"

제자들도 우리가 하는 것처럼 했습니다. 예수님께 가서 "당신은 평화이시며 주님이십니다. 한 말씀만 하시면 제 종이 나을 것이며 모든 것이 잘될 것입니다."라고 하는 대신에 주무시는 예수님을 흔들어 깨우며 이렇게 말했습니다.

"스승님, 저희가 죽게 되었는데도 걱정되지 않으십니까?"(마르 4,38)

다른 말로 하자면 "아무것도 해 주실 수 없으면 적어

도 주무시지는 마십시오. 우리와 함께 고통을 겪기는 해야 하지 않겠습니까?"라고 한 것입니다. 예수님께서는 "왜 겁을 내느냐? 이 믿음이 약한 자들아!"(마태 8,26) 하고 제자들을 꾸중하시고 일어서신 후 "잠잠해져라. 조용히 하여라!"(마르 4,39) 하고 말씀하셨습니다. 그러자 바람이 멎고 아주 고요해졌습니다.

우리도 이렇게 할 수 있고, 또 해야만 합니다. 그러나 이렇게 하려면 다른 일을 익힐 때와 마찬가지로 체계적이고 지성적인 훈련이 필요합니다. 시간의 주인이 되는 법을 배우면 무엇을 하거나 어떤 긴장과 어려움, 비극과 혼란이 다가와도 주님을 마주하고 말로 혹은 침묵 속에서 기도할 수 있습니다.

말을 할 수 있으면 우리 주위의 모든 풍랑을 하느님께 가져갈 수 있습니다. 침묵 안에 머무르면 이런 폭풍 속에서도 하느님께 눈을 돌리고 옆에서 파도가 치도록 내버려 두면서 평온한 상태로 쉴 수 있습니다. 물론 완전히 평온한 상태라 해도 아무것도 일어나지 않는다는 의미는 아닙니다. 오히려 바로 그때가 모든 다툼과 긴장이 하느님의 손안에 바쳐지는 때입니다.

참된 침묵이란 극도로 강렬하며, 깊이 있고 살아 있는 것입니다. 사막에서 은수 생활을 했던 어느 성인의 전기에 이런 이야기가 있습니다. 어느 날 다른 은수자들이 와서 그들을 방문한 주교님을 위해 영적 담화를 해 달라고 청했습니다. 그는 "내 침묵이 그에게 무언가 깨달음을 주지 않는다면 어떤 말도 소용없을 것입니다."라며 말하기를 거절했다고 합니다. 우리는 이런 종류의 침묵을 배워야 합니다. 그러려면 무엇을 해야 할까요?

숲이나 들에서 새가 날아가는 것을 보려면 새들보다 먼저 일어나서 정신을 차리고, 새가 날기 전에 잠이 완전히 깨어 있어야 합니다. 숲이나 들에 가서 완전히 평온한 상태로 마음을 느긋이 하고 조용히 앉아 있어야 합니다. 새들은 예민해서 소리를 내면 멀리 도망가 버리기 때문입니다. 새가 날아가는 것을 보려면 이런 평온과 침묵, 쉼을 알아야 하고, 동시에 강한 집중력을 가지고 있어야 하지요. 졸린 눈을 하고 앉아 있다가 해가 떴나 하고 정신을 차려 보았자 새들은 벌써 날아가 버린 다음일 테니까요.

정신을 차리고 깨어 있으면서 조용히 쉬는 태도, 이것이 침묵을 위한 준비입니다. 어렵긴 하지만 이것은 우리를 모든 편견과 기대에서 완전히 자유롭게 합니다. 그리하여 무엇이든 받아들일 열린 마음 상태를 갖도록 도와주는 집중력과, 이기심을 개입시키지 않고 주어진 상황을 있는 그대로 받아들이도록 해 주는 평온을 조화시키지요.

사제품을 받은 지 얼마 안 된 어느 날, 성탄절 무렵에 양로원에 간 적이 있습니다. 거기에 102세가 된 할머니가 있었습니다. 미사가 끝나자 그 할머니가 오더니 물었습니다.

"신부님, 기도에 대해서 좀 가르쳐 주시겠습니까?"

"저 말고 다른 사람에게 물어보십시오."

제가 그렇게 대답했더니 그 할머니가 말했습니다.

"이제까지 기도를 안다고 하는 유명한 사람들에게 물어보곤 했습니다. 근데 실제로 도움이 될 만한 말을 들은 적이 없어요. 그래서 혹시 신부님이 답을 해 줄까 싶었지요."

그래서 용기를 얻어 물었습니다.

"할머니, 무엇이 궁금하십니까?"

"신부님, 저는 14년 동안 예수 기도를 끊임없이 해 왔습니다. 그런데 하느님이 존재하신다는 것을 한 번도 느낀 적이 없어요."

"할머니만 계속 말씀하고 계셔서 그런 것 아닐까요? 하느님께 말씀하실 기회를 드렸습니까?"

"그럼 어떻게 해야 할까요?"

할머니가 묻기에 저는 이렇게 말했습니다.

"아침 식사를 하시고 바로 방에 들어가서 의자를 어두운 곳에 놓으십시오. 그리고 성화 옆에 조그만 등불을 켜고 가만히 앉아서 방을 둘러보세요. 지난 14년 동안 계속 기도만 하셨다니 방을 제대로 보지도 못하셨을 것 같군요. 그다음에는 뜨개질할 것을 가지고 하느님 앞에 앉아 15분 동안만 뜨개질을 하세요. 절대로 기도하시면 안 됩니다. 뜨개질만 하시면서 방 안에 평화롭게 앉아 계세요."

그 할머니는 제 말이 신심 생활에 도움이 되는 충고가 아니라고 생각한 듯했습니다. 그러나 얼마 후에 저를 찾아왔습니다. 저는 제가 드린 조언대로 해 보셨는지, 도움이 되었는지 궁금해서 물었습니다.

"제가 말씀드린 대로 해 보셨습니까?"

그러자 그 할머니는 이렇게 대답했습니다.

"신부님이 하라시는 대로 했어요. 일어나서 세수하고 방을 정돈한 다음에 아침을 먹었습니다. 15분이 지나는 동안 걱정이 되어 다시 일어설 일이 없도록 해 놓고는 안락의자에 앉아 아무 일 안 해도 되니 참 좋구나 하고 생각하면서 주위를 둘러보았습니다. 그때 처음으로 이 방이 정말 좋다고 생각했어요. 정원을 향해 창문이 열려 있고, 내가 모아 놓은 물건들을 다 놓을 자리도 넉넉하고, 크고 아름다운 방이구나 하고 생각했지요. 방은 무척 조용하고 평화로웠어요. 시계가 째깍거리는 소리만 들렸는데, 그 소리에 분심이 들기는커녕 그 소리 덕분에 모든 게 더 평온한 느낌이 들었습니다."

할머니는 숨을 들이쉬고 천천히 내뱉으며 말을 계속했습니다.

"그러고는 하느님 앞에서 뜨개질을 해야겠다는 생각이 들었어요. 저는 점점 침묵을 의식하게 되었습니다. 뜨개바늘이 안락의자를 스쳤고, 시계가 평화롭게 째깍거리고 있었으며, 긴장할 것도 걱정할 것도 없었습니다. 그러자 이 침묵이 단순히 소음이 없는 조용한 상태가 아니라 그 이상의 무엇이라는 걸 느꼈어요. 침묵 안에 어떤 깊이와 풍요로움이 있었고 그것이 저를 둘러싸기 시작했습니다. 주위의 침묵이 제 안에 있는 침묵과 만나기라도 한 것 같았습니다."

이어서 할머니가 한 말은 후에 제가 유명한 프랑스

작가의 책에서도 발견한 아름다운 말이었습니다.

"갑자기 침묵이 곧 그분의 현존임을 깨달았어요. 침묵의 중심에는 모든 평온과 모든 평화이신 하느님이 계셨습니다."

그 후에도 할머니는 더 오래 사셨고, 고요하게 있으면 언제나 침묵을 즐길 수 있다고 말했습니다. 물론 기도문 외우기를 그만두었다는 의미는 아닙니다. 할머니는 침묵 속에 어느 정도 있다가 생각이 흩어지기 시작하면 소리 기도를 하고, 또다시 마음이 평온해지면 침묵 속에서 하느님의 현존을 느끼곤 했습니다.

이와 똑같은 일이 우리에게도 일어날 수 있습니다. 우리가 어떤 일을 하면서 긴장하는 대신에 "나는 하느님의 현존 안에 있다. 정말 얼마나 큰 기쁨인가. 좀 더 평온해져야지." 하고 말할 수 있으면 됩니다.

아르스의 성자, 비안네 신부 전기에 이런 이야기가 있습니다.

어느 농부가 매일 성당에 들어와 몇 시간씩 가만히

앉아 있었습니다. 비안네 신부가 그에게 물었습니다.

"기도하는 것 같지도 않은데 몇 시간 동안 앉아서 무엇을 하십니까?"

농부는 이렇게 말했습니다.

"나는 그분을 보고, 그분은 나를 보고, 이렇게 우리는 서로 행복해하지요."

이런 상태는 우리가 먼저 침묵을 어느 정도 배운 다음에만 가능합니다. 우선 입을 침묵시키는 데서 시작해서 감정의 침묵, 마음의 침묵, 몸의 침묵을 배우십시오. 그러나 처음부터 마음의 침묵을 얻을 수 있다고 생각하는 건 착각입니다. 먼저 입을 침묵하기를 배워야 하고, 다음에는 평온하게 있기 위해 몸을 조용히 하는 걸 배워야 하며, 그다음엔 환상에 빠지지 않도록 훈련해야 합니다.

어느 러시아 성인은 이렇게 말했습니다.

"바이올린 줄처럼 너무 많이 눌러도 안 되고 너

무 약하게 눌러도 안 됩니다."

우리는 침묵에 귀 기울이는 법을 배워야 합니다. 내적으로 조용해졌을 때 요한 묵시록의 말씀이 실현되는 것을 발견할 것입니다.

"보라, 내가 문 앞에 서서
문을 두드리고 있다."(묵시 3,20)

제5장

하느님께 말씀드리기

Experiencing Prayer

이 장에서는 기도가 우리에게 자연스러워져 쉽게 기도하게 되고 기도 안에서 생활하게 되는 방법을 말하고 싶습니다.

이미 앞서 말한 것을 보면, 기도를 하면 분명히 살아 계신 하느님과 우리가 관계를 맺고, 만날 수 있습니다. 그리고 이 관계가 참으로 살아 있는 그 무엇이 될 때가 있습니다. 관계를 맺는다는 점에서 기도나 인간관계가 마찬가지니까 이 둘의 공통점부터 살펴보겠습니다.

제가 군중 속에서 한 사람을 선택하는 순간, 우리의 관계는 개인적이고 참된 것이 됩니다. 그 사람이 제게 특별한 존재가 되고, 그의 이름이 의미를 갖는 것입니다. 누군가가 '익명의 사회'라고 말하면서 이름과 인격에는 관심이 없고 공무원, 점원 등 명사만으로 사람을 대한다고 지적한 적이 있습니다.

우리의 인간관계에는 '그들'이라고 하는 익명의 요소가 많습니다. 관계가 인간적이 아니라 기능적이라 다른 사람과 쉽게 대체할 수 있을 때 우리는 3인칭을 씁니다. 여기서 기능적이라는 말은 다른 사람으로 대체할 수 있음을 의미합니다. 그러나 한 사람을 다른 사람으로 대체할 수는 없지요. 다른 말로 우리가 한 사람을 객관적인 '그'에서 주관적인 '당신'이라는 단어로 생각하기 시작했을 때 관계가 성립되는 것입니다. 쓰는 말이 달라져야 된다는 것이 아니라, 내적으로 변화가 필요하다는 말입니다. 사실 우리는 모든 사람과 '나와 당신'의 관계나 '나와 그것'의 관계를 맺을 수 있습니다.

기도도 하느님을 '그분'이라든가 '전능하신 분' 등 나와 거리가 먼 3인칭으로 생각하지 않고 당신이라고 가

깊게 생각할 때에 비로소 시작됩니다.

고통을 겪으며 하느님께 항거하는 욥을 생각해 보십시오. 그 외에도 성경과 성인들의 전기를 보면 극심한 고통을 겪으며 하느님께 불평하는 모습을 많이 볼 수 있습니다. 그러나 불평이든 감사든 그들의 기도는 개인적이었습니다.

하느님과 우리 사이에 무언가 조심스럽고, 멀고, 차가운 관계가 계속되고 예식적인 말과 행동을 해야만 하느님과 대화할 수 있다고 생각한다면 아직 우리는 기도가 무엇인지 모르는 것입니다. 이런 복잡한 절차 없이 하느님을 1인칭과 2인칭으로, 곧 진정으로 당신이라고 부를 수 있을 때가 옵니다.

따뜻한 인간관계를 맺을 땐 그 사람의 이름을 다정하게 부르고 싶은 순간이 있습니다. 형식적으로 누구 씨라고 부르지 않고 자신과 관계를 맺는 그 사람을 의미하는 이름, 자신만 부를 특별한 이름을 찾고 싶은 것입니다.

예를 들어, 별명은 호의적으로 다가갈 수도 있고 부정적으로 느껴질 수도 있습니다. 가까운 사이에서는 별명이 그들 사이를 아주 친숙하게 묶어 놓는, 의미 있는 그 무엇이 될 수 있지요. 더군다나 나 외에는 아무도 그 사람을 그렇게 칭하지 않는다고 생각하면 더 의미가 있습니다. 물론 부정적으로 작용하면 두 사람이 맺었던 관계를 모두 망쳐 버릴 수도 있고요.

성姓에 대해 생각해도 그렇습니다. 너무 많은 사람이 같은 성을 가지고 있기 때문에 성이 의미하는 바가 멀고 막연하게 느껴집니다. 그러나 인간관계를 좀 더 자세히 살펴본다면 성은 공동체의 표시임을 알 수 있습니다. 오랜 세월이 흐르며 각 세대는 이 성을 주거나 받았고, 우리의 살과 뼈 안에, 전통과 마음에 이 성이 표시하는 것들이 유전되어 내려오고 있으며, 얽힌 가족 관계를 통해 사람들이 서로 얼마나 깊이 관련을 맺는지 말해 줍니다.

그리고 한 걸음 나아가서 유전과 족보를 따져 올라가

면 두 권의 복음서가 예수님과 관련해 발견한 것과 같은 사실을 발견하게 될 것입니다. 예수님의 족보에서 알 수 있듯이 각 세대는 구체적인 한 인간에서 인간으로 이어지는 것이지요. 그래서 성은 사실 큰 관심을 끌 수 있고, 인류의 과거를 말해 주기도 합니다. 그래서 별명이 그 사람과 나의 관계를 표현하는 것이라면, 성은 한 개인과 온 세상의 관계를 표시해 주는 것입니다.

그다음에는 세례명이 있습니다. 세례받을 때 우리는 하느님께 속한 사람이 되어 새로운 이름을 받았습니다. 세례를 받아 우리는 그리스도와 더불어 죽고 그리스도와 더불어 살아났습니다. 그렇기 때문에 이때 받은 세례명은 하느님과 우리를 이어 주고 또한 신앙의 공동체 안에 있는 모든 이들, 처음 신앙을 가졌던 오래전의 성인에서부터 마지막 시대에 이르기까지의 모든 이들과 우리를 이어 주는 이름이 됩니다.

또한 우리는 우리도 모르는 다른 하나의 이름을 가지고 있습니다. 요한 묵시록에 보면 하느님 나라에서 우리는 이름이 새겨진 흰 돌을 받을 것이며, 그 이름은 하느님과 그 돌을 받는 사람만이 알 것이라고 되어 있습니다. 이 이름은 별명도 성도 세례명도 아닙니다. 이 이름이야말로 우리와 같은 것, 곧 우리 자신일 것입니다. 이 이름은 하느님께서 우리를 만들어 내실 때 부여해 주신 우리 각자의 독특함을 드러내 주는 것입니다.

사실 아무도 하느님이 아시는 것처럼 자신을 알 수 없습니다. 그러나 이 이름을 보면 우리에 대해서 모든 것을 알게 될 것입니다.

왜 이렇게 이름에 관심을 두는지 의아할 것입니다. 기도는 직접적으로 하느님과 우리를 이어 주지만, 동시에 바깥 세계 전체와 우리를 이어 주기도 하기 때문입니다. 우리가 서로를 위해 기도하고 세상을 위해 기도할 때 그들의 이름을 하느님 앞에 가져오는 것입니다.

이런 이름들은 경우에 따라 의미가 깊을 수도 있고 무의미할 수도 있습니다. 이는 우리가 말하는 것의 의미를 어느 정도 아는지에 달려 있습니다. 우리가 하느님 앞에서 사람들을 기억할 때 그 이름이 아무런 뜻도 깊이도 없는 것이라면 우리의 관계가 형편없음을 말해 줍니다. 그러나 기도 중에 기억하는 이름들이 의미를 가지고 있다면 우리의 기도는 하느님 앞에 이 사람들을 데려갈 뿐만 아니라 이들과 우리 사이도 동정이 아닌, 보다 깊은 일치와 형제애의 관계가 됩니다.

이와 마찬가지로 하느님의 이름을 올바로 찾지 않는 한 우리는 자유롭고 즐겁게 진실한 마음으로 그분께 갈 수 없습니다. '전능하신 분'이나 '창조주'처럼 보편적인 호칭으로 하느님을 부른다면 우리는 그분과 멀리 있는 것입니다. 그러나 나와 가까운 누군가를 친근하게 별명으로 부르듯 하느님을 부를 때도 나만이 아는 특별한 호칭으로 부를 수 있는 순간이 있습니다.

시편에서도 평상시처럼 표현하다가 갑자기 "내 기쁨이시여!" 하고 갑작스럽게 마음을 털어놓듯 달리 부르는 것을 볼 수 있습니다. 이런 때 시편은 생기를 찾게 됩니다. "당신은 제 주님이십니다."라든가, "당신은 전능하십니다."라는 말도 모두 하느님께 하는 말이긴 하지만, "당신은 제 기쁨이십니다."라고 하면 문제는 달라집니다. 이와 같이 "내 기쁨이시여!"라든가 "번뇌와 어려움 중에 당신이 제 기쁨이 되시나이다."라고 말씀드리게 되면 이때는 기도와 관련이 있게 되는 것입니다.

그러니 우리도 경험을 통해서 하느님께 적용될 만한 이름이 있는지 찾아내는 것이 매우 중요합니다. 한 가지 이름이 때때로 달리 사용될 수 있습니다. 마치 친구들이 서로에게 말할 때 여러 가지 뉘앙스를 가진 단어로 칭하는 것과 같습니다. 하느님과 맺는 관계에서도 어떤 때는 이런 표현을 쓰기도 하고 다른 때에는 또 다른 표현을 쓰기도 합니다. '전능하신 분', '주님', '창조주', '섭리자', '지혜' 등으로 표현할 때도 있지만, 예수 그리스도라는 이름으로 우리가 믿는 하느님을 표현하기도 합니다.

많은 이름들 가운데 왜 그리스도라는 이름을 쓰는지 궁금한 사람도 있을지 모릅니다. 신앙의 초기부터 예수님께서는 그리스도라는 호칭과 함께 불렸습니다. 그래서 그리스도인들은 그분을 아주 가깝게 느끼고 계속 이 이름에 애착을 느껴 온 것입니다.

바오로 사도는 "예수님의 이름 앞에 하늘과 땅 위와 땅 아래에 있는 자들이 다 무릎을 꿇으리라."(필리 2,10 참조)라고 했습니다. 이 말은 사실임에 틀림없으나 그렇다고 이 이름을 따뜻하고 사랑스럽게 해 주지는 않습니다. 예수님의 이름은 살아 있고, 실재하는 개인적인 이름입니다.

우리도 여러 가지 이름을 발견할 수 있을 것입니다. 여하튼 "내 기쁨이여!"와 같은 말로 그분을 칭할 때 그분과 우리의 관계는 특별한 것이 됩니다. 물론 하느님을 부르는 이름을 남들과 나누지 말라는 의미는 아닙니다. 인간관계처럼 다른 이와 공유하면서도 동시에 상대와 내가 특별한 관계를 맺었기 때문에 나에게만 속하는 단어가 있다는 것입니다. 하느님을 부를 나만의 호칭을 만들어 그 이름을 자신의 온 마음과 사랑을 담아 부를 수 있도록 합시다.

여기서 내용을 정리해서 말해 보겠습니다. 우리가 하느님과 멀리 있음을 깨닫고, 그분께로 향하는 문을 두드리려고 자신 안으로 더욱 깊이 들어가서 진정으로 의미 있는 기도를 바칠 때, 우리는 문 앞까지 온 것입니다. 곧 그 문이 열리겠지요. 그때는 하느님을 부를 이름을 가지고 있어야 합니다. 이름도 없는 하느님을 찾는 것이 아니라, 그분을 찾아 헤매는 건 바로 '나'라고 말씀드릴 수 있어야 합니다.

하느님을 찾는 과정에서 고통과 불안, 희망과 기대 등 인간이 경험할 수 있는 모든 감정을 겪으며 견뎌 왔을 것입니다. 하느님께서는 우리가 뵙기를 원하는 그분이셨고, 또 우리를 괴롭히는 분이셨을 것입니다. 그분께서는 우리가 갈망하는 분이시며, 우리를 피하시는 것 같기에 원망스럽기도 한 분이셨겠지요. 그분 없이는 살 수 없을 정도로, 그 무엇보다 사랑하는 분인데도 우리에게 응답이 없으신 분이셨을 것입니다.

이런 과정을 지나오며 우리는 차츰차츰 경험에서 우러나오는 자신의 말을 하느님께 하게 됩니다. 이런 말이 남들이 한 말과 같을 수도 있지만 아무 의미 없는 말이 아니라 진정한 나의 것이기에 그들과 같은 감정을 느끼며 말하는 것이지요. 그러니 우리는 자신의 것이라고 느끼지 못하는 일반적인 말들을 늘어놓지는 않도록 합시다. 문밖에 서 있을 때 문이 흔들리는 소리를 들으면 열리리라고 기대하겠지요. 그때 우리의 경험에서 얻은, 우리가 찾아낸 그분의 이름을 부릅시다. 그러면 그분을 만나게 될 것입니다. 하느님과 우리의 관계가 깊어지고 풍요로워지겠지요. 그러면 우리는 원망과 불안의 말을 버리게 되고, 대신 다른 말을 하게 될 것입니다. 요한 묵시록에 이렇게 기록된 것처럼 말입니다.

"전능하신 주 하느님 주님께서 하신 일은 크고도 놀랍습니다. 민족들의 임금님 주님의 길은 의롭고 참되십니다."(묵시 15,3)

이렇게 하느님께 말씀드릴 때 쓰디쓴 맛과 잔인한 듯 보였던 모든 것이 씻길 것입니다. 그리고 깊고 진실한 이름들, 우리와 살아 계신 하느님의 참된 관계를 나타내는 이름들만을 간직하게 될 것입니다.

지금까지 기도하는 방법을 말했는데, 실제로 적용해 볼 만큼 실용적이었다고 생각합니다. 물론 이러한 내용으로 이야기할 것은 얼마든지 많이 있습니다. 그래도 일단 제가 여기서 말씀드린 대로 기도를 한번 시작해 보십시오. 절대로 시간 낭비라고 느끼지 않을 것입니다. 이름을 찾으십시오. 하느님의 이름을 모른다 해도 걱정하거나 놀랄 일은 아닙니다. 우리가 부르지 않으니까 하느님의 응답이 느껴지지 않는 것입니다.

제6장

두 가지 묵상

Experiencing Prayer

하느님의 어머니

성모님 성화에는 두 종류가 있습니다. 대부분은 동방 교회와 서방 교회에 모두 있는 것으로 아기를 안고 있는 동정녀의 그림입니다. 이 그림은 성모님 한 분만 그린 것이 아니라, 여러 가지를 표상을 담고 있습니다. 즉, 하느님이 사람이 되심과 그 사실의 실제성을 표상하고 있고, 동정녀의 모성을 나타내고 있습니다.

또 성화를 주의 깊게 쳐다보면 아기를 안고 있는 성모님은 절대로 아기를 보지 않습니다. 우리를 쳐다보거나 시선을 멀리 두지도 않고, 항상 눈을 뜬 채 자신의 내

면을 깊이 바라보고 계십니다. 성모님은 묵상을 하시는 것입니다.

성모님의 손은 부드러움과 소박함을 표현합니다. 아기를 단순히 꼭 껴안는 것이 아니라 거룩한 무언가를 봉헌하듯 안고 계십니다. 그리고 모든 인간적 사랑과 모든 덕도 아기를 통해 표현되어 있습니다. 성모님은 어디까지나 어머니로서 있을 뿐이고, 아기를 아기 예수가 아니라 하느님의 아들로서 보고 계십니다. 또한 예수님께서는 참된 인간이며 하느님이시기에 성모님이나 다른 피조물에게 모든 사랑과 아름다움을 보여 주고 계시지요. 이것이 하나의 표상Image입니다.

또 다른 종류의 성화는 희귀한 것으로, 그리스도가 보이지 않고 성모님 혼자 있는 성화입니다. 이 중 하나를 말씀드리겠습니다.

17세기에 그려진 러시아의 성화가 있습니다. 이 안에 그려진 성모님의 모습은 러시아의 농촌 소녀인데, 베일이 벗겨져서 둥근 얼굴에 두 갈래로 머리가 내려온 모습을 하고 있습니다. 두 눈이 크고 영원을 향하는 듯 깊어 보입니다. 자신 앞에 있는 것을 보고 있지 않음은 분명합니다.

좀 더 자세히 보면 두 손이 보이는데, 보통 손이 있는 장소에 있지 않습니다. 무언가 얼굴로도 눈으로도 표현할 수 없는 중요한 것을 나타내기 위해 그려진 듯도 하고 고뇌가 느껴지기도 합니다.

성화 배경에는 보일 듯 말 듯 흐릿하게 산과 십자가가 보입니다. 이것은 외아드님의 십자가와 죽음을 묵상하는 어머니의 이미지입니다.

우리가 성모님에게 드리는 기도는 항상 "저는 당신의 아들을 죽였습니다. 저를 용서해 주시기 바랍니다."라는 것임을 깨달아야 합니다. 이런 기도를 할 때 우리는 성모님에게 가까이 갈 수 있습니다. 복음서는 이를 잘 알려 주고 있지요.

우리에게 그분은 하느님의 어머니입니다. 하느님을 이 지상에 불러오신 분이지요. 이런 뜻에서 우리는 성모님을 '하느님의 어머니'라고 부릅니다. 그분을 통해 하느님께서 사람이 되셨습니다. 그분을 통해 인간이 되어 하느님이 태어나신 것입니다. 성모님은 단순히 하느님이 사람이 되기 위해 사용된 도구가 아닙니다. 그분은 하느님께 온전히 순종하셨고, 하느님을 깊이 사랑하여 그분의 뜻이 무엇이든 받아들일 준비가 되어 있었습니다. 이렇게 겸손했기에 하느님이 그분에게서 태어나신 것입니다.

14세기의 위대한 성인이며 신학자가 이런 말을 했습니다.

> "마리아가 '저는 주님의 종입니다.'(루카 1,38)라고 말하지 않았다면 하느님께서 사람이 되실 수는 없었을 것입니다. 성부의 뜻 없이 예수님께서 사람이 되실 수 없듯이 성모님의 동의 없이도 불가능했을 것입니다."

이는 성모님과 하느님의 완전한 협력을 담고 있습니다. 이런 이야기를 하다 보니 영국의 작가 찰스 윌리엄스가 그의 소설 《모든 성인의 날 전야 *All Hallow's Eve*》에서 한 말이 기억나는군요.

> "어느 날 이스라엘의 동정녀가 자신의 온 마음과 지력과 존재와 몸을 다해서 거룩한 이름을 말할 수 있었습니다. 이렇게 그분의 말씀이 사람이 된 것입니다."

이 말은 성모님의 역할을 잘 표현한다고 생각합니다. 우리는 성모님을 사랑합니다. 바오로 사도에게 "나의 힘은 약한 데에서 완전히 드러난다."(2코린 12,9)라고 하신 하느님의 말씀을 성모님에게서 찾아볼 수 있습니다. 이 약한 이스라엘 소녀가 죄와 지옥을 부수어 버렸습니다. 그렇기에 박해 시기처럼 약한 데서 하느님의 힘이 나타날 때 성모님의 기적이 우리 눈에 띄는 것 아닐까요? 우리는 성모님 안에서 굳센 성채城砦를 발견할 수 있습니다. 하느님과 완전한 조화를 이룬 성모님에게 구해 달라고 전구를 청하는 이유가 바로 이 때문입니다.

어느 신부의 기도

1938년 아토스산에서 실로우안이라는 신부가 죽었습니다. 그는 20대에 아토스산으로 들어가 50년 동안 살았던 평범한 사람이었습니다. 그는 성모님이 이 산에서 하느님께 일생을 헌신하는 사람을 위해 전구해 주시겠다고 약속하셨다는 내용이 담긴 팸플릿을 보았습니다. 그래서 아토스산 수도원에 들어가기로 마음먹었지요. 그는 집을 떠나면서 이렇게 말했습니다.

"하느님의 어머니가 제 편이 되어 주신다면 가야겠습니다. 그분이 책임지고 저를 구원해 주실 테니까요."

수도원에 들어와서 그는 오랫동안 수도원 일터의 책임을 맡고 있었습니다. 이 일터에는 1, 2년 동안 돈을 벌어 결혼 자금을 마련하려고 온 러시아의 젊은 농부들로 가득했습니다. 어느 날 다른 일터를 책임지는 수사들이 물었습니다.

"신부님, 당신 일터에서 일하는 사람들은 당신이 감독하지도 않는데 어떻게 그리 열심히 일합니까? 우리 일꾼들은 늘 지켜봐도 우리를 속이려 하는데요."

실로우안 신부는 말했습니다.

"저도 모릅니다. 그렇지만 제가 어떻게 하는지는 이야기해 줄 수 있습니다. 아침에 나올 때 일하는 사람들을 위해 기도하고 나면 제 마음은 그들에 대한 사랑으로 가득 찹니다. 그 상태로 일터에 들어서면 연민이 들어 영혼이 눈물에 젖지요. 하루 동안 할 일을 일러 주고, 그들이 일할 때 저는 방으로 들어가 그들 한 명, 한 명을 기억하며 기도합니다. 하느님 앞에서 그들 편을 들어 줍니다. 예를 들면 이런 식입니다. 오 주님, 니콜라스를 기억해 주십시오. 그가 없는 동안 그의 가족들을 보호해 주시고 모든 악을 막아 주십시오. 이 어려운 시련을 극복할 용기를 주시고 가족들을 다시 만날 수 있는 기쁨을 주십시오."

그는 잠시 멈추었다가 계속 말했습니다.

"처음에는 니콜라스와 그의 아내와 아이들을 위해 기도했습니다. 그러다 점점 하느님의 현존을 강하게 느끼면서 결국 모든 걸 잊어버리고 하느님이 계시다는 것만을 의식하게 되더라고요. 그 하느님의 현존 안에 깊이 들어가니 니콜라스와 그의 아내와 아이들을 사랑으로 안고 계시는 하느님을 보았습니다. 그러고 나면 하느님의 사랑으로 그들을 위해 다시 기도하게 됩니다. 그럼 더 깊이 끌려 들어가 그 깊은 곳에서 다시금 하느님의 사랑을 발견합니다. 이렇게 일하는 사람을 위해 차례로 기도하면서 하루를 보내고 해가 지면 그들에게 몇 마디 말을 한 후 함께 기도합니다. 그 후 그들은 쉬러 가지요. 저는 공동 기도를 하러 수도원으로 돌아오고요."

여기서 우리는 관상 기도와 탄원 기도가 서로 어떻게 얽히는지를 볼 수 있습니다. "그를 기억해 주십시오."라고 이야기하는 것뿐만 아니라, 몇 시간 동안 계속하는 기도 속에서 남을 위한 연민으로 하는 탄원 기도와 사랑 가득한 관상 기도가 서로 합해지면서 계속되고 깊어지는 것입니다.

역자 후기

처음 이 책의 번역을 의뢰받았을 때에는 70페이지 정도의 작은 분량에 문장이 간단하고 쉬워 보여 그저 별생각 없이 하겠노라고 대답했습니다. 그러나 번역을 시작하니 내용이 간단한 것 같으면서도 깊이 있고, 문장이 대화체로 되어 있어 저자의 사상을 충분히 표현하는 데 상당한 어려움을 느꼈습니다. 저자는 이 책에서 기도를 이론적으로 장황하게 설명하는 것을 피하고 자신의 경험과 체험에서 우러나온 것을 기도하기를 원하고 배우고자 하는 사람과 마주 앉아 이야기하듯 쓰고 있습니다. 그래서 수도자들뿐만 아니라 평신도들에게, 그리고 기도를 배우고 싶어 하는 많은 사람들에게 도움이 되리라 믿습니다. 초보자를 위해 쓴 것이지만, 깊이가 있어 상당히 오랫동안 기도를 해 온 사람에게도 크게 도움이 될 것으로 생각합니다.

저자인 안토니 블룸 대주교는 러시아 정교회 소속이기 때문에 이 책에서 우리는 정교회의 전통을 엿볼 수 있습니다. 정교회는 우리와 가까우면서도 별로 알려져 있지 않은 그리스도교의 한 교파인데, 1054년 동로마와 서로마의 문화적, 정치적 알력이 주원인이 되어 가톨릭 교회와 분리되었으므로 교리상으로는 가톨릭과 거의 다른 점이 없습니다.

정교회의 전통에서는 예수님의 부활을 중시해서 구원론에서도 인간의 신격화, 즉 인간이 변형되어 하느님의 모습을 닮아 가는 인간 성숙이 곧 구원의 완성이라고 강조해 왔습니다. 우리는 이 책에서 이런 중심 사상을 읽을 수 있고, 성모 마리아에 대한 신심에서는 우리와 같은 감정을 표현하고 있음을 볼 수 있습니다. 이 책의 주제가 교파와 사상의 차이를 초월하는 기도이니만큼 다른 전통에서 강조해 온 기도에 대한 통찰을 읽고 배우는 데서 우리의 기도 생활이 더욱 넓고 깊어지리라 믿습니다.

끝으로, 이 책은 본문을 보기 전에 인터뷰를 꼭 먼저 읽는 것이 좋다는 말씀을 드리고 싶습니다. 이 인터뷰에서 안토니 블룸 대주교가 어떤 생각을 가졌는지 한눈에 파악할 수 있기 때문입니다. 부족한 번역을 송구스럽게 생각하며 기도를 시작해 보려는 분들과 하느님께 좀 더 가까이 가기를 원하는 분들에게 이 책이 도움이 되기를 바랍니다.